広島の力

岩中祥史

広島の力——目次

プロローグ

25年ぶりのカープ優勝を実現させた「広島の力」！

第一章

「広島の力」を探るヒント

広島人はなぜ、屈託のない性分なのか

宮島(厳島)の力　人間くさい神様が宿る島

第二章 広島人はなぜ、ファミリー意識が強いのか

「広島の力」を探るヒント

第三章

「広島の力」を探るヒント

広島人はなぜ、グローバルな発想が得意なのか

第四章

「広島の力」を探るヒント

広島人はなぜ、地元愛にこだわりすぎるのか

プロローグ
25年ぶりのカープ優勝を実現させた「広島の力」！

カープ優勝の波動は日本中に及んだ

２０１６年９月10日――。

この日、マツダスタジアムで読売ジャイアンツ（巨人）との試合がおこなわれていたら、いったいどうなっていただろう。考えただけで身震いがしてくる。

それより10日前、広島を訪れたとき、街はすでに〝興奮街道一直線〟といった状況を呈していた。優勝マジックがまだ「12」も残っているというのに、だれもがその日、あるいは翌日には胴上げが見られるのではないかと思っているように感じられたのだ。

もちろん、広島市・県民、また全国にいる同県出身者のほぼ全員が四半世紀の長きにわたって待ち望んでいたことではある。ＪＲ広島駅前の歩道をスタジアムに向かって歩く人は、だれを見ても「赤」。なかには、全身を「赤」一色で覆っている人もいた。それも平日にである。

もともと、変わっているといえば変わった街ではある。

ヘンテコとか奇妙という意味ではない。人口およそ120万という大都市でありながら、いまひとつあか抜けない、〝都会らしさ〟の足らない都会なのである。同じ政令指定都市として似たような立場にある札幌・福岡とは一歩も二歩も距離を置いている。

近ごろ日本全体を覆っているのは「都会」、それもあか抜けのした、おしゃれな都会へのあこがれである。東京一極集中が進んでいるのも、ひとつには人々のそうした意識の高まりがあと押ししている。何から何まで東京がいちばん、東京には逆立ちしてもかなわない、東京は国際標準にかなった都市……といった幻想はいまだ根強い。政令指定都市ともなればなおさらだろう。そして、その傾向は年ごとに強まりつつある。

でも、本当にそうなのだろうか。東京と勝負しても、勝てないのだろうか。

たしかに、ほとんどの分野で東京にはレベルの高いものがそろっている。文化、芸術もそう。スポーツもそう、教育もそう、ファッションもそう、経済もそう、情報もそうだろう。

東京にないものといえば、「地方」くらいのものと思っていたが、それもきょう日は様相が変わりつつある。「アンテナショップ」なるものがあり、東京にいながら「地方」をそこそこ経験することも可能になっている。各地方とも、東京とそのまわり、首都圏の人たちに足を運んでもらおうと、それぞれの魅力をしゃかりきになってアピールしようとしているからだ。

都道府県のショップ数は２０１５年、過去最高の42になった（現在出店していないのは千葉県、愛知県、岐阜《ぎふ》県、大阪府、佐賀県、福岡県の6府県のみ）。このうち、年間売上げが1億円を超える店舗が29店、7億円以上のショップも3店あるという。

東京はなにせ人が多いから、何をやっても規模が大きくなる。その分、情報発信力も強い。うまくすれば国内だけではなく海外にまでさまざまなことが伝わっていく。それをめざして、明けても暮れても海外からはますます多くの人がやってくる。どこの県も「インバウンド」頼りの今日このごろだから、それは大変なメリットと言える。

しかし、２０１６年の広島カープ優勝は、そうしたことによる効能のすべてを上回るといっても過言ではないほどインパクトがあった。広島市内も、県内も、はたまた隣接する県（岡山県はそうでもなさそうだが）も、そしてまた全国各地、さらには世界各国にまで、そのニュースは伝わったにちがいない。広島県出身者は、47都道府県の中でも海外に暮らす人が多い。明治の初めごろから移民として出ていっているからである。

大事なのは、プロ野球でリーグ優勝を果たしたという事実だけで終わらない点。それによって広島市・広島県全域が盛り上がったことである。そればかりか、日本中にその波動が及んだと言ってもいい。

県民にとってカープは〝世界遺産〟級の資源

いま日本では、大都市とその周辺を除くと、その大半が地域の落ち込みに頭を抱えている。その最大の理由は人口減少とそれによる経済活動のレベルダウンである。それが原因で、地域の人が地元から離れてしまうという悪循環が始まる。

将来に夢や希望を抱いている人ほど、地元の落ち込みようを目の当たりにしたとき、いっときも早く大都市に移ろうと考える。学業、仕事、結婚など、理由はいくらでもある。結果、多くの地域で、有能な人が地元から離れていくことになってしまうのだ。

その点、広島県はまだ恵まれているほうだろう。大きな工業生産拠点が地元にある。また、近ごろはやりの「インバウンド」の数も年々伸びを見せている。それでなくとも、厳島《いつくしま》神社（宮島）と原爆ドームという、ユネスコ世界遺産が二つもある、全国でもまれな地域だからだ。

そこに加わったのが、広島カープのセ・リーグ制覇である。

２０１１年が５位。12年が４位。そして、13・14年と２シーズン連続で３位になり、クライマックス・シリーズ（ＣＳ）への出場も果たした。それが、15年にピークを迎える。

メジャーとの高額契約を蹴飛ばした黒田博樹と、フリーエージェント（FA）で7シーズン阪神タイガースに籍を置いていた新井貴浩がカープに復帰してきたのである。

とくに黒田のUターンは「男気」の象徴としてメディアも大騒ぎしたから、これまでカープと縁のなかった層にも応援の輪が広がった。残念ながら、この年は4位に終わったが、ファンのボルテージは日を追うごとに高まっていった。

すでに、2013年ごろから〝カープ女子〟なる存在が騒がれ始めてはいた。14年にはメディアを通じて広く喧伝《けんでん》されたこともあり、この年の「流行語大賞」にも選ばれている。

それがさらに勢いをつけたのだろう、それまでは広島県内、東京を中心とした首都圏で目立ったカープ女子が、全国に広がっていく。本拠地はもちろん、遠征先の球場にもご当地のカープ女子が集結、大きな盛り上がりを見せるようになったのだ。ヤクルトの本拠地・神宮球場など、ホームチームの不振も手伝って、スタンドの半分以上がカープファン、それも女子のほうが多いなどという試合もあったくらいだ。

こうなると、かつてのような、ありきたりのローカル球団では済まされなくなる。名古屋がフランチャイズのローカル球団＝中日ドラゴンズがここのところ大きく落ち込んでいるのも、カープ女子の存在を際立たせるのにひと役買っている。

札幌の日本ハム、仙台の楽天など、ローカリティーの強いチームほど、これまでとは異なる野球ファンの広がりが目につくが、なかでもカープ女子の存在感は尋常ではない。しかし、これには理由があるのだ。

それは広島カープが、もっとも長く地元に根づいているからである。1950(昭和25)年の球団創立当初は大洋ホエールズ(現DeNA横浜ベイスターズ)とテールエンドを争っていた。しかし、広島カープがほかの球団と違うのは、日本のプロ野球界で唯一の市民球団であるという点にある。

そのため、応援の熱っぽさも、濃さも、広がりも、奥行きも、他球団は足もとにも及ばない。あえて言うなら、それに対抗できるのは同じく「赤」い、サッカーJリーグの浦和レッズくらいだろう。

カープは広島市・広島県全体の、まさしく〝世界遺産〟級の資源なのだ。どこの国・町でもそうだろうが、地元の世界遺産が損壊したり焼失したりすればそれこそ一大事である。しかし、逆にそこにスポットが当たれば、その国、その町には多くの人が足を運んでくる。しかし、カープは、原爆ドームや厳島神社といった「不動産」的な資産とは対極的な「動産」だから、そのインパクトが格段に違う。

もちろん、動産だから〝一過性〟というリスクは不動産よりはるかに大きい。2年、3年ならなんとかキープすることができても、選手も入れ替われば、他球団の戦力の変化もあるから、5年も6年もそれを維持するのはおそらくむずかしいだろう。それに、あまり強すぎても、往年の読売ジャイアンツではないが、飽きられたり、さまざまなほころびも出てきたりする。

ただ、逆にドラマチック性という点では図抜けており、その効能は意外と長く続くのではなかろうか。しかも、それが、広島市民・県民の意欲を高め、活力にも結びつく。それによって経済活動や生産活動、教育・文化・芸術、保健・医療など、ありとあらゆる分野で地域全体の勢いが増す。

そればかりか、広島の場合は、日本全国、さらには世界中の同県出身者の気持ちにも影響を与えるにちがいない。それが、東京に設けたアンテナショップなど足もとにも及ばないような効果としてあらわれるのだ。

「広島」という土地の特性

ファンが待ち望んでいたとおり、広島カープは２０１６年9月10日、セ・リーグで7度目の優勝を決めた。なんと25年ぶりである。驚いたのは、８月24日にマジックナンバーが点灯してからのスピード。優勝までの14試合を12勝２敗で突き進んだのだから、すさまじい。ハラハラドキドキなどとはまったく無縁、まれにみる勢いである。

ちなみに、この日の巨人戦（東京ドーム）を生中継したNHKテレビの地元・広島地区の平均視聴率は60・3％（ビデオリサーチ調べ）だったという。この年の全番組を通じての最高視聴率だそうで、1986年のリーグ初優勝を決めた10月12日ヤクルト―広島戦の63・5％（テレビ新広島）に次ぐ歴代2位の記録であった。

さて、カープが優勝を勝ち取ることができた原因は何か。野球界はもちろんのこと、それぞれの専門分野から、それこそ百人百様のコメント・分析がなされた。

「勝ちに不思議の勝ちあり。負けに不思議の負けなし」という有名な言葉がある。江戸時代後期の平戸《ひらど》藩（現長崎県）藩主・松浦静《きよし》（大名でありながら心形刀流《しんぎょうとうりゅう》剣術の達人としても知られ、隠居後『甲子夜話《かっしやわ》』という名随筆を残している）の言葉だそうだが、野村克也が評論活動の中でたびたび引き合いに出したことで、広く知られるようになった。

広島カープの2016年のリーグ優勝も、「不思議」な面が多々あったことは否めまい。

5月1日の中日戦――2-6とリードされた5回裏、2死走者なしから連続5安打＋エルドレッドの逆転3ランで勝ち首位に浮上。「逆転の広島」のきっかけに。

6月14日の西武戦――2-2の同点で迎えた9回2死一、二塁で、途中出場の赤松真《まさ》人《と》が中前安打。本塁を狙った菊池涼介《りょうすけ》はいったんアウトと判定されたが、西武の捕手のタッチ位置が「危険」と判断され、コリジョン（衝突）ルールの初適用で判定がくつがえりサヨナラ勝ち。

6月18日のオリックス戦——緒方孝市監督が試合後「神ってる」と口にした試合。2点を追う9回1死一、三塁。前日も延長12回にサヨナラ2ランを打った鈴木誠也《せいや》が逆転サヨナラ3ラン。2試合連続サヨナラホームランはプロ野球史上10人目である。

6月29日のヤクルト戦——ピッチャーの黒田が3点リードの6回2死満塁で打席に立ち、走者一掃の二塁打。投げては7回を1失点に抑え、チームは32年ぶりの11連勝。黒田自身も日米通算で199勝。

8月7日の巨人戦——連敗してゲーム差4・5まで迫られ、迎えた第3戦。1点差で迎えた9回2死走者なしの場面で菊池が起死回生の同点ソロホームラン。続く丸佳浩《よしひろ》が四球のあと、新井がサヨナラ二塁打し、巨人に引導を渡す。以後、チームは再加速。

たしかに「神ってる」と言いたくもなる。だが、それでもなんとか、人智で推し量ることのできる勝因を見出そうというのが、人の常。そこで筆者も、みずからの力不足は百も承知、二百も合点の上で、考えてみることにした。名づけて「広島の力《ちから》」。ただし、この「広島」はカープのことではない。カープという〝世界遺産〟級の集団を築き上げた「広島」の風土、「広島県人」の気質、そして、そこに見え隠れする「力」について探ってみたのである。

広島県の隣、山口県萩《はぎ》から出た思想家・吉田松陰《しょういん》がこんな言葉を残している。

「地を離れて人なく、人を離れて事なし、人事を論ずる者は地理より始む」（『講孟箚記《こうもうさっき》』）

土地を離れて人はない。人を離れてさまざまな営みはない。だから、人の日々の行動や営みを論じるときは、その人の生まれ育ったところの地勢・自然と、経済・社会・文化等との関係をヒントにするべきであるといった意味である。

広島カープの25年ぶりの優勝を実現させた影にも人の営みがあったわけで、その背後には、広島という「土地」の特性が大きく影響しているはずである。

「広大なる天地の状態は、実に此猫額大《このびょうがくだい》の一小地に於て其《その》大要を顕わせり。されば万国地理に現わるる複雑なる大現象の概略は、粗《ほ》ぼ之《これ》を僻陬《へきすう》の（ひなびた地にある）一町村に於て説明すること難《かた》からず。既に一町村の現象によりて郷土の地理を明《あきらか》にせんか、依《よっ》て以《もっ》て万国の地理を了解すること容易なり」というのは、昭和初期の教育者・牧口常三郎の言葉（『人生地理学（上）』）。

たとえ猫の額ほどの小さな土地であっても、その地域性にこだわり、それをつぶさに観察、解明してみれば、そこから一国ひいては全世界のことまで考察できるといった意味であろう。

そうした観点から「広島」を見てみると、「なるほど」「そうだったのか！」と膝を叩きたくなるような事実が数多くあることに気づかされる。筆者はすでに2011年に『広島学』という本を上梓しているので、その種のことはあらかた書き尽くしたと思っていたのだが、それはとんでもない思い上がりであることを、今回痛感した。「広島」には、あっと驚くような「力」がまだまだ、それもいやというほど数多く備わっていたのである。

どこまで的確で、どこまで本質に迫れているかは、読者の皆様に判断していただく以外ないが、最後までお付き合い願えれば幸いである。

「広島の力」を探るヒント

第一章

広島人はなぜ、屈託のない性分なのか

ひょうたんから駒——。広島県人は、この言葉をいい意味で受け止めている。何も努力せずにいい目にあうといったことではなく、目標に向けて懸命に取り組んでいれば、かならず天がどこかで味方してくれるはずだと。

先のことをあまり深く考えずに飛び込んでいく習性がある広島県人は、まるで、自分の思い描いていることが実現するのは当然とでもいわんばかりである。天衣無縫《てんいむほう》、自由闊達、無限大の楽観主義のなせる業《わざ》としかいいようがない。

しかも、それでいて素晴らしい結果を残してしまう。もちろん、見えないところで刻苦勉励、日々努力を重ねてはいるのだろうが、そうしたことを感じさせないところがまたいい。

けっしてお行儀がよい人たちだとは思えないが、変に格好をつけない分、ストレートに付き合える。これまた「広島の力」の一要素だろう。

宮島（厳島）の力
人間くさい神様が宿る島

男どもが鼻の下を伸ばせた厳島

平和記念資料館＋原爆ドームとともに、広島県で多くの観光客を集めるのは、ユネスコ世界遺産の一つでもある宮島（厳島《いつくしま》神社）だ。単純な話、海の上に巨大な神社が「浮かんでいる」ということだけで、だれもが驚くにちがいない。同じく世界遺産になっているフランスのモンサンミシェルにも相通じるものがあり、フランス人にはとりわけウケがいいという。

江戸時代前期の儒学者・林鵞峰《はやしがほう》（春斎《しゅんさい》とも）が「松島…（略）…丹後天橋立《たんごあまのはしだて》、安芸厳島為三処奇観」（『日本国事跡考』）と紹介して以来、宮島は「日本三景」の一つとしてもてはやされてきた。宮島とは江戸時代以降の呼称で、文字どおり「お宮（厳島神社）のある島」という意味である。

1900年に発表された『鉄道唱歌（第二集）』でも、当時の宮島駅（現宮島口駅）は

4番（19〜22番）にもわたって登場するほどだった。その「山陽・九州篇」には、次のようにある。

19・己斐《こい》の松原五日市《いつかいち》いつしか過ぎて厳島　鳥居を前に眺めやる　宮島駅に着きにけり
20・汽笛ならして客を待つ　汽船に乗れば十五分　早くもここぞ市杵島《いちきしま》　姫のまします宮どころ
21・海にいでたる廻廊の　板に浮べてさす汐に　うつる燈籠の火の影は　星か蛍《ほたる》か漁火《いさりび》か
22・毛利元就《もとなり》この島に　城をかまへて君の敵　陶晴賢《すえはるかた》を誅《ちゅう》せしは　のこす武臣の鑑《かがみ》なり

その宮島に関して、広島には昔からこんな言い伝えがあるという。それは、

「宮島にカップルで行くと別れる」

というものだ。宮島には女性の神様がいて、カップルが行くとやきもちをやき、別れさせるからなどと説明されている。なるほど、厳島神社に祀《まつ》られているのは、市杵島姫命《ひめのみこと》、田心姫命《たごり》、湍津姫命《たぎつ》で、すべて女の神様である。いずれも海上の守護神として古くから信仰を集めてきた。

だが、実際はそういうことではないらしく、この地にかつて遊廓が置かれていたのが本当の理由だという。世の男性たちが後顧《こうこ》の憂いなく遊廓に遊びに行きたいがために、こうした話をこさえたというのが真相らしい。なるほど、夫婦で宮島に行き、道すがら遊女に

安芸の宮島はスゴイ秘密を持っていた。

ばったり会ったりしたら、困った事態になるにちがいない。

たしかに、宮島の遊廓は、江戸時代中期の『国々いろさとばん附（全国遊廓番付）』で第3位にランクされるほど大規模なものだった。広島藩の場合、もともとは城下・材木町にあったのを、幕府が風俗統制を敷いたことから、1625年、この地に移したのである。

その際、遊廓とセットになっていた芝居小屋や見世物小屋も同時に移転したため、宮島のにぎわいはたいそうなものだったらしい。商業活動も大いに発展したのは言うまでもない。

もともと平清盛が厳島神社の社殿を現在のように整えて以来（1168年ごろ）、管弦祭りなど舞楽の伝統があった宮島だが、戦国時代、毛利元就が能を奉納してからは芸能が盛んになり、歌舞伎や大相撲の興行もおこなわれた。

井原西鶴《いはらさいかく》は「西国《さいごく》三大芝居どころ」として讃岐金比羅《さぬきこんぴら》（香川県琴平《ことひら》町）、備中宮内《びっちゅうみやうち》（岡山県吉備津《きびつ》神社の門前集落）と安芸宮島をあげている。

また、人の多く集まる神社仏閣の常として富籤《とみくじ》（江戸時代、お上の許可を得た寺社が、神社仏閣や神仏の像を建立・修繕するのに必要な資金を確保する勧進《かんじん》のために発売した）も盛んにおこなわれていたようだ。

江戸時代、十返舎一九《じっぺんしゃいっく》の『東海道中膝栗毛《ひざくりげ》』が大変な売れ行きを見せたため、その続編が何点も出版されたのだが、その一つに『厳島参詣膝栗毛』がある。讃岐丸亀《まるがめ》から鞆《とも》を経て宮島をめざす道中をおもしろおかしく描いたもので、それほど宮島には多くの人が足を運んでいた。

ちなみに、明治時代に入ると、広島県の方針で宮島の遊廓は廃止され、娼婦や芸妓たちは江波《えば》島（現・広島市中区江波）に移ったそうである。

「もみじ饅頭」の意外な出生の秘密

その宮島で生まれたのが、広島みやげの〝鉄板〟と言われる「もみじ饅頭」だ。そして、もみじ饅頭といえばにしき堂の名前が頭に浮かぶのではなかろうか。

「えーっ！　でも、にしき堂があるんは宮島でのーて、広島の街中じゃろーが」

たしかにそのとおりだが、にしき堂はもともと広島市内に生まれたメーカーで、宮島そのものとのつながりは薄い。もちろん、もみじ饅頭に関しても後発である。

もみじ饅頭の誕生はいまから110年前の1906年。宮島の紅葉谷《もみじだに》に「岩惣《いわそう》」という老舗の旅館があった。その当時まだ皇太子であった嘉仁《よしひと》親王（のちの大正天皇）や大韓帝国皇太子（のちの純宗）、伊藤博文、夏目漱石らも泊まっていたことがある。

なかでも、初代内閣総理大臣の伊藤博文は、厳島神社をたびたび訪れていたようで、三鬼堂《さんきどう》や大願寺《だいがんじ》の掲額は伊藤の直筆だという。また、同寺の境内には、「伊藤博文お手植えの松」が9本残されている。さらに、自身が深く信仰していた弥山《みせん》（標高535メートル）の頂上から瀬戸内海を一望したときの眺めを「日本三景の真価」と絶賛、私財を投じて登山道の整備までおこなったとも。

さて、その旅館「岩惣」に和菓子を納めていた高津常助《たかつつねすけ》が、女将から「大切なお客様への手土産に、紅葉谷の名にふさわしい菓子が作れないか」と依頼された。あれこれ試行錯誤を重ねた末、「紅葉形焼饅頭」を完成し売り出したところ、これが評判となる。さらに、その4年後には商標登録も取得した。

そのあとを継いだのが、息子の昇《のぼる》。店が紅葉谷から現在の場所に移転したのを機に、それまでの和菓子一本やりから、もみじ饅頭の製造・販売は続けつつ、酒屋も営むようになる。

ところが、しばらくすると、昇はもみじ饅頭を作るのをやめてしまった。それというのも、常助から、もみじ饅頭のレシピを伝えられていなかったからだ。常助は強烈な職人気質の持ち主で、「技や味は盗むもの」として作り方を一切明かさなかったのだという。

昇は懸命に努力したが、父が作っていたものと同じ食感、同じ味にどうしても到達できない。そこで、「父親の名前を汚したくない」と、もみじ饅頭の製造・販売にピリオドを打ち、古くからの宮島名物・生姜糖《しょうがとう》などを手がけるようになる。

常助の獲得した登録商標もそのうち時効となり、この当時は十指に余る業者が、見よう見真似でもみじ饅頭を作り始めていた。また、高津堂が製造をやめていたのをいいことに、「元祖」を名乗るメーカーもあったようだ。

正真正銘の元祖もみじ饅頭が復活するのは、常助の孫・加藤宏明が3代目を継いでからのことである。宏明は子どものころから、「いつかもみじ饅頭を作りたい！」という強い思いを抱いていたという。そして、50歳を過ぎてからもみじ饅頭作りを決断する。

父や祖父と違い、和菓子作りに関してはまったくの素人であった宏明は、知人の饅頭職人などに協力を求めながらもみじ饅頭作りに取り組み、作り方や食感、味、配合など、試行錯誤を繰り返す。

そして半年後の２００９年、高津堂のもみじ饅頭が復活した。初代・常助のもみじ饅頭の特徴「時間が経っても硬くならない、もっちりとした食感」もみごとによみがえったという。型は初代のときと同じ、しかも手焼きであった。

石原軍団と組んだ「にしき堂」の商才

ただ、もみじ饅頭でいまトップを走っているのは、２０１６年で創業65年を迎えた「にしき堂」である。

もみじ饅頭も近ごろは多様化しており、いまいちばんヒットしているのが同社の「生もみじ」である。これは、「京都の生八ツ橋のようなもみじ饅頭はないか」という客の声に応えようと、10年がかりで完成させたものだそうだ。

モチモチとした食感が特徴で、小麦粉、卵などを使ったカステラの生地で作られている本来のもみじ饅頭とはかなり趣が異なる。米粉でできた皮であんこを包んだもみじ型の和菓子といったほうが正確かもしれない。

にしき堂の現社長・大谷博国《ひろくに》が、創業者の父・照三《てるぞう》（２０１５年に死去）から社業を引き継いだのは２０００年。

照三はいかにも広島っぽいキャラクターの持ち主で、さまざまなエピソードを残している。なかでも、長く後世まで語り継がれそうなのは、石原裕次郎、渡哲也主演のかつての人気テレビ番組『西部警察 PART－II』の撮影に全面協力したときの話だろう。

話は1982年にさかのぼる。第18話「広島市街パニック!!」の撮影が広島市内でおこなわれた。当初の話では、店舗や工場をロケ撮影に使ってもらうとの話だったようである。しかし、実際にはそれらが映っているのはもちろん、なんと照三自身も出演してしまったというのだ。

宮島口でのクライマックス場面で爆破される電車の名称も「にしき堂号」にしたというから、「協力」といってもハンパなレベルではない。要するに、何事も、やるからには徹底して取り組む人物だったのだ。

1951年に創業した当時のもみじ饅頭は一つひとつ、炭火による手焼きで作っていた。だが、照三はガスで焼くことを思いつく。その後すぐ機械化に取り組み、2年目にして量産を実現した。もともと菓子作りの経験がなかったことがかえって幸いしたようで、前例にとらわれない発想を可能にしたといえる。

その「にしき堂」が1965年、初めて店舗をオープンしたのは広島駅ビルであった。だが、このときも照三は同じようなこだわりを見せた。ほかにもいくつか候補地が出ては消え、消えては出たのだが、「広島駅」にこだわり続けたのである。

当時もみじ饅頭は、「宮島のお土産」という見方をされていた。だが、照三はそれを、「広島のお菓子」として販売したいと考えた。それには広島駅に店を出すのがいちばんである。

現社長の博国はこう語る。「いちばん食べていただきたいのは地元広島の人たちなんです。お土産というより、一家団欒の場で口にする、そういうお菓子を作りたいというのが父の願いでした」（テレビ新広島『情熱企業』２０１６年9月18日オンエア）

だが、いまから考えると、その強いこだわりが大きく実を結ぶことになった。１９７５（昭和50）年に山陽新幹線が岡山以西、博多まで延伸したことで、「広島のお菓子」どころか一気に〝全国区〟に出世したからだ。

「百試千改」の精神こそ成功への道

さらに、マンザイブームが沸き起こった１９８０年、人気コンビ「Ｂ＆Ｂ」が「もみじ饅頭」の名を連発するギャグが一世を風靡し爆発的なヒットとなった。それ以前はわずか10数軒だったもみじ饅頭の製造元がブーム後はなんと３００軒にまで増えたという。しかし、照三はそれに浮かれることなく、翌81年には次の一手として、海田《かいた》町に工場を新設している。

「和菓子の命は餡《あん》にあり、餡の命は水にあり」という考えに従い、名水の評価が高い同町にある日浦山《ひのうらやま》の湧水を求めてのことである（餡の原料となる小豆は北海道十勝《とかち》産を使用）。また、業界では初となる「広島県食品自主衛生管理」も2005年に取得している。中途半端な妥協はけっしてしない、強い意志がそこには感じられる。

こうした姿勢は商品開発にも当然あらわれてくる。同社の社訓は「百回試して千回改めよう（百試千改）」。客の声に応えられるまでは何度でも試作を重ねる。「生もみじ」の成功もその産物といっていい。どの商品にも、太い筋金が入っているのである。だから、店と客も、客と客も心と体を和ませ、それがより大きな輪になっていく。「和をつなぐ」とはその謂《いい》であろう。

江戸時代の広島は城下町だったこともあり、京都、金沢、松江と並ぶ菓子どころだった。明治以降、広島が軍都となってからは、羊羹《ようかん》が盛んに作られるようになる。羊羹は高カロリーで、かつ日もちもするので糧食として重宝されたのである。

そうした歴史もあり、広島の菓子文化は大いに栄えたのだが、原爆が投下されたことで多くの店がなくなり、業界は壊滅的な打撃を受ける。しかし、時代が大きく変わり、全国各地で、それぞれに伝わる文化に再び息を吹き込もうという機運が高まっている。広島でもそれは同じだ。

人気テレビ番組『西部警察』ロケでは市電「にしき堂号」を爆破させ話題に。石原プロと組んで知名度を上げげた、もみじ饅頭「にしき堂」の商才。

そこで企画されたのが、２０１３年の「ひろしま菓子博（第26回全国菓子大博覧会・広島）」である。博国はこれを広島の菓子文化復活の大きなチャンスと捉えていた。広島県のレモン生産量が全国第1位であることから、広島産のレモンを使ったお菓子を開発しようという企画（「レモンスイーツプロジェクト」）を立て、広島全県の菓子メーカーがその開発に取り組んだ。

また、そのころから日本を訪れる外国人が急増し始めた。和菓子の命である餡は、欧米人にはなじみがないだけに、「にしき堂」ではいま、まずは安心して口に入れてもらおうと、英語と中国語のパンフレットを店頭で配布しているという。

実際に食べてみると優しい甘みが口に合うと感激し、土産品として購入する外国人も増えつつある。外国人観光客の関心もいまはまだ和食と日本酒にとどまっているようだが、こうしたことがきっかけで、和菓子、ひいては餡のおいしさが世界に広がる日も近いかもしれない。そうすれば、日本のにしき堂は、世界に錦を飾ることになる。

ハンディをバネにする力／鯉の力

意外に粘っこい広島人

恋した鯉はガッツで強い魚だった

「カープ（ｃａｒｐ＝鯉）」というニックネームは、日本のプロ野球チームの中ではやはり変わっているのではないだろうか。虎だの竜だの、はたまたライオン、タカといった、いかにも勇猛そうな動物が多い中、鯉はおとなしい、静的な印象を与えるからだ。

アメリカのプロスポーツチームで海・魚に関連するニックネームを持つのは、ＭＢＬ（大リーグ）のシアトル・マリナーズ（＝水夫）、マイアミ・マーリンズ（＝マカジキ）、ピッツバーグ・パイレーツ（＝海賊）、ＮＦＬ（アメリカンフットボール）のマイアミ・ドルフィンズ（＝イルカ）、ＮＨＬ（アイスホッケー）のピッツバーグ・ペンギンズあたりだろうか。

「イルカ」や「ペンギン」は愛らしさのほうが先に立つし、「水夫」や「海賊」は同じ人間である。この中で強そうなのは「マカジキ」で、スポーツフィッシングの対象にもなっている大型魚。なかには体長4メートル以上、体重500キロに及ぶものもいるから、「フィッシング（＝「釣り」）といってもほとんど格闘技に近い。

それに比べると、カープ（鯉）は観賞魚的なイメージのほうが強く、「戦う」といった感じにいまひとつ乏しい。筆者も子どもの時分はそう思い込んでいたものである。だが、それは無知のなせる業《わざ》で、「鯉」というのは古来、魚の中でも力強さ、ガッツを象徴する品種なのだ。

中国の首都・北京から西に4千数百キロも離れた崑崙《こんろん》山脈の奥に発し、甘粛《かんしゅく》省永靖《えいせい》県の積石山《しせきさん》を経て龍門（山西省河津《かしん》県と陝西《せんせい》省韓城県にはさまれた山峡）のあたりまでは、黄河もまだ上流で流れも大変に急である。

その龍門には滝があり、魚もこの滝を登ることができれば龍になれるのだが、普通の魚では登り切れずに死んでしまう。だが、鯉だけはそれをみごと登り切って龍になれるという伝説がある（『後漢書』李膺《りよう》伝）。

世にいう「鯉の滝登り」だが、それよりも、出世のための関門といった意味合いで使われる「登龍門」の語源と言ったほうがわかりやすいかもしれない。この逸話から「鯉は強い魚」とされるようになったのだ。

「六々変《りくりくへん》じて九々鱗《くくりん》となる」という中国のことわざもそれとほぼ同じ意味で使われる。鯉は頭から尾までの間に鱗が三十六枚（＝六×六）あるので、別名「六々魚」と呼ばれる。これに対し、「九々鱗」とは、鱗が八十一（＝九×九）枚あるとされている龍を指している。先の言い伝えと同様、「六々魚＝鯉は龍門の急な滝を登って昇天し、九々鱗＝龍になるという」（『三秦記』）意味である。

また、中国語の鯉魚（Lǐyú）は利余（Lìyú）と同音のため縁起がいい魚と言われている。

さらに、鯉はけっして共食いしない習性があるため、日本では縁起ものとして重宝され、昔からめでたい祝儀の席に出されていた。

「鯉のぼり」の習慣はこれらの故事を踏まえたもので、一家に生まれた男の子が強く育ちますようにとの願いを込めておこなわれる行事である。

なるほど、それからすると、鯉（＝カープ）は、日本庭園に造られた池を悠々と泳ぐだけの観賞魚などではなく、龍に変身するためにどんな困難にもめげず、命がけで滝を登るガッツのある魚なのだ。ただし、中日ドラゴンズが広島カープよりランクが上という意味ではないので、念のため。

そもそも「カープ」というニックネームの名づけ親は広島の政治家・谷川《たにかわ》昇（故人）だが、「カープ」としたのは、

「広島城は鯉城《りじょう》と呼ばれている」
「広島市を流れる太田川は鯉の産地である」
「鯉は『川魚の長』とされている」
「鯉は、滝を登り龍になると言われる出世魚である（滝を登る鯉の姿に、原爆によって破壊された広島の復興をイメージした）」

という四つの理由からだという。

ちなみに、「鯉城」の名は、広島城があった一帯はその昔「己斐浦《こいのうら》」とも呼ばれ、現在の西区己斐の地名も、はるか以前は「鯉」と書いた。あるいは堀にたくさんの鯉がいたから、さらに、天守の色が鯉と同じ黒だからなど諸説ある。

ちなみに、当初は「カープス」だったが、地元の大学教授や大学生から英語のｃａｒｐは単複同形であるとの指摘を受け、「カープ」に修正したそうだ。

ひたすら縁起にこだわった備後「福山」の地名

名は体をあらわすということわざがある。物や人の名前は、その性質や本質を的確に示していることが多いといったような意味だが、これは地名についても当てはまる。

いちばんわかりやすいのは「東京」だ。それまで「江戸」と呼んでいたのを、明治維新のあと都を移したために〝東の京都（＝都）〟、つまり「東京」と呼ぶことになった。

それ以前も、地名に縁起のいい意味を持たせようと、大名が城を築くときなど、もともとの地名を変更することはけっして珍しくなかった。

たとえば、広島県東部（備後地域）の中心都市・福山もそうである。

現在福山城のあるあたりは、蝙蝠山《こうもりやま》と呼ばれる小さな山であった。

「蝙蝠」は、魑魅魍魎《ちみもうりょう》にも打ち勝つので、「幸せを呼び、魔を除《よ》ける」という意味が込められている。家に棲《す》みつくと縁起がいい、二匹いるとさらに幸運を呼び込み、五匹だと「五福」といって、「寿、富、康寧、攸好徳、考終命」を象徴するとされる（『書経』洪範）。

「寿」とは長生きすること、「富」とは生活に困らないこと、「康寧」とは健康でいられること、「攸好徳」とは徳を積む生き方ができること、そして、「考終命」は天命をまっとうできることといったような意味である。そのため、蝙蝠の紋様は中国人がもっとも好むとされている。

長崎カステラの老舗・福砂屋《ふくさや》の商標に描かれているのも蝙蝠だが、これも、蝙蝠が慶事、幸運のしるしとして中国で尊重されていることにちなんだものだ。

また、蝙蝠は逆さまにぶら下がっていることから、蝠＝福が落ちてくることを願い、春節（旧正月）になると、「福」の字を逆さまにした赤い札（「倒福」と呼ばれる）が家々に飾られる。切り絵の中にも同様のものがある。

さらに、中国語では、蝙蝠の「蝠」の字を「福」と同じく「フー（fú）」と発音するので、これまたおめでたいとされている。

江戸時代、この地に城を築くにあたり、初代藩主・水野勝成《かつなり》も、蝙蝠にまつわるそうした言い伝えを踏まえ、蝙蝠の「蝠」の虫ヘンを示ヘンに変え「福」とし、「福山」と名づけたという。

大名たる者、また藩主となる者にとって、地名はこのように深い意味を持つ。自分のもとに数百、数千の家臣がおり、さらにその下に数千、数万という農民がいる。多くの人々を治める自分の住まう城がある場所は、やはり縁起のいい名前であってほしいという、素朴な願いがあったとしても不思議ではないだろう。

福山市の市章が蝙蝠をかたどったデザインになっているのも、こうした由来に基づいている。明治時代初期の箱館《はこだて》（函館）戦争のとき、福山藩はこれとほぼ同じ図柄を染め抜いた旗を掲げて参戦している。

なんと目の前が海だった広島城

そうした観点からすると、「広島」という地名も実は深い意味を持っていることに気がつく。

ご存じかもしれないが、「広島」という地名は意外と歴史が短い。戦国時代末期、毛利輝元《てるもと》が現在の地＝太田《おおた》川河口部に城を築くことを決めたのは1589年。当時の太田川はいまと違い、現在の広島城あたりのところまでしかなかった。

河口の先は瀬戸内海だが、そこには多くの小さな島が点在しており、比治山《ひじやま》も江波山《えばやま》も黄金山《おうごんざん》もすべて島だった。その当時は、それぞれ日地《ひぢ》島、江波島、仁保《にほ》島といった。当時の島でいまもなおその文字が残っているのは白島《はくしま》くらいだが、それもかつては箱島《はこしま》と呼ばれていた。

築城の場所をこの地に定めたのは、それまで居城としていた山間部の吉田郡山《こおりやま》から下りてきて、瀬戸内海を望む高台＝明星院《みょうじょういん》山（現東区二葉山）、新山《にいやま》（現東区牛田《うした》）、己斐松山《まつやま》（現西区己斐）の3カ所から検分し、「もっとも広い島（実際には2番目らしいが）」と目された五箇浦《ごかうら》（五ケ村《ごかむら》とも）というごく小さな集落の周辺に目星をつけたのである。

集落といっても、漁師の家が数えるほどあるだけで、ほかにはほとんど何もない浜辺だったにちがいない。だが、この時期の毛利氏は140万石という戦国の雄である。いくらなんでも、それほどさびしい場所に城を築くのは、プライドに関わると思ったのではないか。

輝元でなくても、土地が「狭い」というのはけっして愉快なことではない。そもそも「安芸」という国の名前からして、「阿岐《あき》（＝上ぎ）」、つまり「周辺よりも高い土地。高所」を意味している。実際、太田川の河口一帯はすぐ近くまで山が迫ってきており、平地も極端に少なかったから、そこにいるだけでも息苦しさを感じたはずである。

そこでこの際、新しく築く城の周辺の地名を改めよう、それには家運長久の願いを込めたいと考えたようだ。毛利氏はもともと、鎌倉幕府の政所《まんどころ》初代別当の任にあった大江広元《おおえのひろもと》の末裔《まつえい》。代々の当主が、「元」と「広」という文字を諱《いみな》に使っていたのもそのためである。

また、「末広」「広大」といった縁起のいい言葉もある。そこで、「広」の字を使うことに決め、もともとは島であったこと、さらに城の土木工事をおこなう城普請《しろぶしん》案内を務めた普請奉行・福島元長の苗字とも重なる「島」という文字と合わせ、「広島」と命名したというのが一般的な説である。

広島城の築城は1589年4月から始まり、10年後の1599年に完成している。

関ヶ原の合戦が東軍の勝利に終わり、西軍の総大将・毛利輝元は本来ならお家取りつぶしに処されてもおかしくなかった。結局、輝元の領土は周防《すおう》・長門《ながと》の2カ国（長州藩）に縮小され、それまでの140万石から39万9千石に大幅な減封となる。

そのあと、江戸に幕府ができると、この地に福島正則が封じられてきた。しかし、その福島は、1619年の台風でひどく損傷した広島城を、将軍家への断わりなしに改修したことをとがめられ、信濃国川中島《かわなかじま》に改易《かいえき》となる。

名だたる出稼ぎ国だった理由

そのあと紀伊《きい》（現和歌山県）からこの地に封じられてきたのが浅野氏である。浅野氏は幕末まで広島を治めたが、輝元がかつて願っていたことをその間にあらかた実現していく。それにより、西国《さいごく》街道と瀬戸内海海運の枢要《すうよう》の地という役割を果たしながら、広島の街とその周辺地域は大いに栄えたのである。

浅野氏が力を入れたことの一つに新田開発＝干拓事業があった。海っぷちに建っていた広島城の南側一帯を埋め立て、新たに住居地と田地を築いていったのだ。いまの地図を見るとわかるが、広島城の南側は堀を築き、それは現在の八丁堀《はっちょうぼり》あたりまで続いていた。つまり、それより南側は当時まだ海だったのである。

だが、いまはどうだろう。デパートの福屋八丁堀本店がある場所からまっすぐ南に降りた修道高校までは直線距離にしてほぼ3キロ、それよりさらに南のフェリー乗り場あたりまでだと軽く5キロは越える。つまり、江戸時代に入ってから、城の南側はそれほど大々的に埋め立てられていったのだ。

JR広島駅のすぐ北側まで山が迫ってきていることを考えると、広島城周辺まで平らな土地はほんのわずかしかなかったわけだが、その4〜6倍ほどの長さを埋め立てた計算になり、これはもう尋常とは言えまい。それによってようやく、「広島」は「名は体をあらわす」までになったことになる。だが、それでも、関東平野の最南部に近いあたりに建つ皇居（江戸城）とその周りを囲むようにして作られている江戸の広さとは比ぶべくもない。

そうした狭さの中で汲々《きゅうきゅう》としていた広島城下の人々にとって、もうひとつ悩ましいことがあった。それは、この地域に広く流布していた安芸門徒の教えである。

別項で詳しく述べるが、安芸門徒の教えの中に、間引き（堕胎）を禁じる一項があった。そのため江戸時代は、城下はもちろん、広島藩全体の人口も増える一方で、どこの家も子どもたちを食べさせるだけで大変な思いをしていた。

苦しくなれば、人は生まれ故郷を捨て、近在の都市に移ってくるのが古今東西変わらぬ道理。広島城下にも、近郊の農村からどんどん人が流入してきたため、埋め立てても埋め立てても追いつかない状態が幕末までずっと続いた。

なんとか生計を立てようと、この地からは全国に多くの人が出稼ぎに行った。彼らのことを他国の人たちは「安芸もん」と呼んだ。もちろん、「安芸門徒」のことを指すのではなく、「安芸の者」という意味だ。

出稼ぎの仕事で多かったのは船方《ふなかた》（船乗り）稼ぎである。律令時代は、国への貢納物の輸送に漁民などが駆り出されたりしていたが、そうした中に腕っこきが数多くいた。

船といっても、砂利・土・石などを運搬する船は高度の操船技術が求められる。そのため、全国で一、二を争うほど多くの船が航行する瀬戸内海で鍛え上げられていた安芸もんは水主《かこ》、つまり船員としてあちこちに雇われていったのである。

さらに、山稼ぎといって、木挽《こびき》、大工、船大工、石工などとして諸国へ出稼ぎに行った者も多い。なかでも萱葺《かやぶ》き屋根職人は広く知られており、「芸州流」という言葉あるほどだ。船大工も、伊予《いよ》三島、小豆島《しょうどしま》、豊後《ぶんご》佐伯などで活躍した跡がある。

また、花崗岩が多く採れる尾道周辺には技術力の高い石工が多くいた。彼らは北前船《きたまえぶね》の行き交いにより交流のあった日本海側の港町まで出かけ、神社の献灯、鳥居・狛犬《こまいぬ》、手水鉢《ちょうずばち》、石橋などを作っている。酒田港（山形県）に建つ日和山《ひよりやま》の常夜灯《じょうやとう》には尾道の商人の名が刻まれているが、これもそうしたつながりがあったればこそのことだろう。

逆境をバネに――「安芸もんの血」が騒ぐ

現在の三原市の向かい側には、因島《いんのしま》、生口島《いくちじま》（国産レモン発祥の地）、大三島《おおみしま》など、島がいくつも連なっている。本土側の尾道から「しまなみ海道」をこの順にたどっていけば、対岸は四国の愛媛《えひめ》県今治《いまばり》市だ。

この一帯ではその昔から漁業が盛んで、なかでも内海のアジ、サバの一本釣りは、この地域の漁民が得意とする漁法だった。潮の流れが速い中での一本釣りは熟練した技を必要とされるが、島々の漁民はその技術に長じていた。

もとはといえば、鳴門《なると》の堂浦《どうのうら》（現徳島県鳴門市）の漁民が用いていたテグスによる漁法に学んだものである。一本釣りで獲ると、魚をいい状態で港まで持ち帰ることができるが、網で獲る方法では、水揚げ前に魚が死んだり傷ついたりしてしまうのだ。

その技術が移植されたのが四国の西端から九州の東端にかけての一帯、豊予《ほうよ》海峡である。「速吸瀬戸《はやすいのせと》」とも呼ばれるように、瀬戸内海と太平洋の流れがぶつかるために海流が非常に速いこの海域は、年間を通してプランクトン等の餌も豊富で、本来は回遊魚であるはずのアジ・サバが多かった。

水温の変化が少ないこともあって、この海域で生育するアジ・サバは大きく、しかも身が締まっている。その一帯で獲れたアジ、サバが陸揚げされるのが大分市の佐賀関《さがのせき》。そのため、「関アジ」「関サバ」と呼ばれ、どちらもいまではブランド魚としてすっかり定着している。

ただし、山口県の沖家室島《おきかむろじま》を経て、さらにその先、佐賀関周辺の漁民たちにアジ・サバの一本釣り漁法を伝授したのも、ほかでもない生口島界隈から出稼ぎに行っていた「安芸もん」である。

安芸もんは全国どこの地でも大いに重宝された。苦しくても歯を食いしばりながら仕事にいそしむ誠実な人柄は高く評価されたという。

つまるところ、「広島」とは「島」もしくはそれに似た、陸地の突端であって、城が築かれる前は、その多くが「水」に生きる人たちだったにちがいない。

だが、広島の人々はそうしたハンディに屈することなく、まずはできることから始めようということで、名称を改め、埋め立てによって土地を広げ、それでも足りなければ出稼ぎにおもむき、しかも出先で「働き者」「いい仕事をする」といった評判を残すという歴史を刻んできた。

実は、こうした評判というのは、私たちが思っている以上に根をおろすもので、とくに地方ではそうした傾向が強い。江戸時代、全国300余藩のうち3分の2は尾張・三河藩（現在の愛知県）出身、もしくはそれと深いつながり・ゆかりを持つ大名が藩主としておもむいたが、その地に長くいた藩主ほど、尾張・三河の影響を強く残している（拙著『名古屋人と日本人』参照）。

「もったいない」という発想は日本特有だというが、それなどまさしく尾張・三河気質の最たるもの。その発想が全国津々浦々に流布・定着した背景には、そうした歴史的事実があるからだ。

それと同様、安芸もんが妻子眷属《けんぞく》（妻子と親族）を養うために出かけていった先で残してきた評価はいまに至ってもなお、その地の人々の心の底に刻まれているはずである。広島カープがたまさか好成績を収め、あわや日本一かなどというときは、全国各地でカープを応援する声が不思議と高まる。ここのところずっと弱かったが今シーズンはひと味違うとなれば、にわかにカープへの思いを熱くする人たちがかならず出てくる。

単なる判官《はんがん》びいきでもない。一見すると縁もゆかりもなさそうな地で、「ヒロシマーッ！」と騒ぐ声がしてくる。徒党を組むまでには至らずとも、どこかの家族が、またどこかの地域の人たちがなぜかカープに静かなエールを送る。そこにはこうした歴史も影響しているのではないだろうか。俗にいう「血が騒ぐ」現象が起こったとしか思えないのである。

土地が狭い→貧しいという中で、生活に破綻をきたしてしまうケースもなかったわけではないだろう。しかし、多くの広島人は、それをバネにして浮上していった。

空高く舞い上がるほどではないにしても、堅実に（とは言わないが）、少なくとも、誠実に努力し、それなりの財を残し地域に大きく貢献したり、あるいは素晴らしい技術を伝えたりなど、人によって果たした役割は異なる。それが、時ならぬ、また場所ならぬ、広島カープへの声援につながっていくわけだから、世の中、なんともおもしろいものである。

　鯉は、そうしたさまざまなハンディを乗り越え、いやそれをむしろ力にしながら上昇していくシンボルなのだ。

広島城（鯉城《りじょう》）の目の前は、海だった。

臆せず立ち向かう力

「なんとかなるさ」が信条

「ジョー・ルーツ」という〝劇薬〟をあえて飲んだ勇気

いまでこそ「赤ヘル」は、まったく当たり前のように思われているが、それが初めて世に出現したいまから40年以上も前となると、なんとも画期的なことであった。

プロ野球で耳あて付きヘルメットの着用が選手に義務づけられたのは1971年から。その前年、田淵幸一（当時阪神タイガース）が広島カープ戦で外木場《そとこば》義郎《よしろう》の投球を側頭部に受け、耳から出血するという事件があったのがきっかけである。いまでは打席ではもちろん、ランナーとしてグラウンドに出ている場合もヘルメットをかぶったままだが、これも2011年から着用が決められたからだ。

逆に考えれば、それまでよくヘルメットもかぶらずに、時速140キロ以上のボールを相手にしていたなとも思う。実際、ヘルメットに近いものは、80年ほど前からすでにあったという。だが、それが広まらなかったのは、スタイルに難があったからだ。

ヘルメットのデザインや色はともかく、ユニフォームや帽子、ストッキングはもともと白、黒、紺と相場が決まっていた。それだけに、初めて真っ赤な帽子を採用した1949～50年のパ・リーグの大映スターズ（現・千葉ロッテ）には多くの人が驚いたらしい。

この時代、男性が赤を身に着けるのは半ばタブーで、選手の間からも「恥ずかしい」という声が多くあがったという。翌年、同じく映画会社が保有するセ・リーグの松竹ロビンスも背番号や帽子に赤を用いたが、映画会社だったからできたことなのかもしれない。

その後、パ・リーグの太平洋クラブ（現埼玉西武）ライオンズが1973年、ユニフォームやストッキング、帽子などに赤、青を多用したときも大きな話題になったものだ。

ただ、それより以前のこと、テレビのカラー放送が始まった1959年、中継で見栄えがし、それによってカラーテレビを買う客が増えればということで、赤を使ったチームがある。読売ジャイアンツ（巨人）のビジター用ユニフォームで、日本テレビのカラーテレビ試験局が中継をおこなうのに合わせ、背番号、袖とパンツのラインを赤にしたのである。しかし、「カラーテレビのためにプロ野球があるのか！」などの声が出たため、わずか1カ月少々でボツになっている。

その赤を帽子（ヘルメット）に使ったのが、1975年から日本のプロ野球史上初めてメジャー出身の監督としてカープの指揮を執ったジョー・ルーツである。

1972年、アメリカ・アリゾナ州ツーソンで初めての海外キャンプを張ったカープに、同地でキャンプしていたクリーブランド・インディアンスの打撃コーチ・ルーツが指導したのがそもそもの縁であった。当時の根本睦夫《むつお》監督と意気投合したルーツは、連日野球談議に花を咲かせたそうだ。その根本がのちに「ルーツを監督に」と、球団オーナーの松田耕平《こうへい》（広島市出身）に推薦したという。

ルーツは1974年、カープの打撃コーチに就任。当時としては珍しい外国人のコーチということで注目されたが、とにかく頑固一徹なキャラクターの持ち主だったようだ。それが災いしてか、ほかのコーチともしばしば衝突したようで、結局さしたる成果は残せずに終わってしまった。

チームもこの年、3年連続の最下位に終わり、シーズン後、ルーツは契約を1年残して退団を申し出、帰国を決める。

一時帰国の直前、中国新聞社のインタビューを受けた際も、「私はチームに必要のない人間だ。もう日本には帰ってこないだろう」と明言している。ところが、そのあと松田オーナーのところへ挨拶に行ったところ、「来年は監督として指揮を執ってほしい」と頼まれた。

だが、外国人をチームの監督に迎えるというのは、当時としては大きな冒険であったろう。たしかに、1972年から中日ドラゴンズが与那嶺要《よなみねかなめ》を監督に据え、この年シーズン優勝を果たしてはいた。

とはいえ、与那嶺の場合、名前も顔も日本人そのものである。もともと日本からハワイに移民した両親（母親は広島県出身）のもとに生まれた二世で、国籍がアメリカだったから「外国人」とされたにすぎない。同じ意味での「外国人」監督は、太平洋戦争前からすでに何人もいた。

それに与那嶺は、1951年から62年までの12シーズン、巨人・中日で外野手としてプレーし、現役引退後も中日、東京・ロッテオリオンズ（現千葉ロッテマリーンズ）で打撃コーチを務めていたから、日本のファンには親しみがあった。

一方、ルーツの場合はいわゆる紅毛碧眼《こうもうへきがん》だから、日本プロ野球史で初めての〝名実ともに外国人〟の監督だった。しかし、球団側もいざ決断するとなると、やはり勇気がいる。

だが、創設以来25年間も低迷を続けている（Aクラスは1968年の一回＝3位だけ）カープにとって、もはやなりふりなどかまっていられない状況であった。いうならば〝劇薬〟が必要だったわけで、ルーツこそそれに足る人物と、重松良典《しげまつよしのり》球団代表（広島市出身）は判断した。根本元監督が松田オーナーに推薦していたのも大きい。与那嶺の成功を見てといった部分も多少はあったにしても、カープの決断は画期的だったと言える。

するとルーツは、「お願いしたいことがいくつかある。それを了承してもらえないのなら引き受けられない」と、多くの要望を突きつけた。その一つが、帽子（ヘルメット）の色を変えること、それも、燃える闘志を前面に出すべく、赤にしたいと主張したのだ。ルーツが所属していたインディアンスのチームカラーと同じである。それがのちに「赤ヘル軍団」という言葉を生むことになるなど、もちろん知る由《よし》もない。

ちなみに、当初はアンダーシャツやストッキング、ユニフォームのロゴも赤に一新するはずだったが、予算の関係で見送られたという（1977年から実施）。

初ものにあっさり飛びつく広島人

翌1975年日本に戻ってきたルーツは、全選手を集めた最初のミーティングで、

「赤は戦いの色だ。カープには優勝するだけの実力がある。これだけのメンバーがそろっているんだ。最後まであきらめずにトライしようじゃないか！」

と檄《げき》を飛ばした。だがBクラスに慣れてしまっている選手たちに、そこまでの意識はまだなかった。

「いまでこそ、広島のカラーといえば〝赤〟ですが、昔は恥ずかしかったですよ。〝オマエのチームは、とうとうちんどん屋になったのか〟なんて言われたりしてねぇ。帽子は

真っ赤だけど、こっちは真っ青でしたよ」（二宮清純『衣笠祥雄が語る〝赤ヘル〟誕生秘話』）

「要するにルーツが一番やりたかったのは意識改革でしょう。あくまでもターゲットは優勝なんだ。自分を信じて戦え。それを伝えるために利用したのが〝赤い帽子〟だったと思うんです」（同）

このときルーツは、

「君たち一人ひとりには、勝つことによって広島という地域社会を活性化させる使命がある」

という話もしている。これも大多数の選手にとっては唐突で、想像もできないことだったにちがいない。プロ野球界広しといえども、こういうことを口にした監督はおそらく初めてだろう。日本の場合、フランチャイズという考え方をきちんと理解している野球関係者はまだほとんど皆無だったからだ。

いまでこそ、プロスポーツのチームにはそうした役割があるという考え方はごく当たり前だが、この当時、それはあまりに〝ぶっ飛んだ〟考えだったにちがいない。だが、ルーツはその考えに沿って、選手たちには全力を出し切ったハッスルプレーを求め、消極的なプレーは容赦しなかった。

ルーツには、「集団は確固たる指導方針を持った強烈なリーダーによって変わる」という強烈な信念があった。

日本ハムから大下《おおした》剛史《つよし》二塁手（広島県海田町出身）を獲得したのも、持ち前のセンターライン（捕手、投手、二塁手・遊撃手、中堅を結ぶ線）がしっかりしていれば守備で大崩れすることがなくなり、ある程度計算のできる試合運びが可能になるという考えを持っていたからだ。

大下はこの年一番を打つとともに、主将としてチームの精神的な支柱の役割も任される。と同時に、一塁手だった衣笠祥雄《さちお》の三塁手コンバート、高橋慶彦《よしひこ》のスイッチヒッター転向も実行した。さらに、先発投手ローテーションの確立、チームバッティング（結果は凡打でもランナーを進塁させるなど）に対するプラス査定も導入させている。

また、ルーツみずからが声をかけてメジャーから呼んできた（ゲイル・）ホプキンスとシェーン（リッチー・シェインブラム）の二外国人の活躍も目立った。ホプキンスは球団史上初のリーグ優勝を決めた10月15日の対巨人最終戦（後楽園球場）の9回表、勝負を決める3点本塁打を放ったし、シェーンも、5月17日の対大洋ホエールズ戦で、日本プロ野球で初めてという1試合左右両打席本塁打を記録。この2人の活躍がなければ優勝が実現

ルーツ監督は、とにかく熱い人だった。

していたかどうか。

こうして次々と斬新な手を打っていったことから、シーズンでの戦いぶりが大いに注目されたが、なんと開幕15試合目で監督を辞めてしまう。あとで考えると、アメリカ流の野球と日本のそれとでは大きな違いがあったためだろう、事あるごとに審判と衝突していたのがその伏線であった。

佐伯和司《かずし》が登板した4月27日の対阪神戦で、掛布《かけふ》雅之《まさゆき》への投球がボールと判定されたことに激高し審判に暴行、退場を命じられたがルーツはそれを拒否。審判団の要請を受けた重松球団代表が説得し、なんとかその場は引き下がったが、ダブルヘッダー第2試合目の前に選手を集め、「今後カープの指揮は執らない」と言い残して球場を去っていってしまったのだ。

球団側は慰留に努めたが、「契約でグラウンドでは全権を与えるとされているにもかかわらず、球団代表がグラウンドに出てきたのは権限の侵害」という主張を曲げず、結局辞任してしまう。ただ、最終的には、ルーツがそれまで打ってきた手がことごとく当たり、後任の古葉竹識《こばたけし》監督が指揮したカープはこの年、球団創設26年目にして初のリーグ優勝を成し遂げた。

しかし、技術や戦法などの要素とはまったく別に、この年カープが優勝した影にはやはり「赤」の影響があったはずである。ルーツが狙った「燃える闘志」の象徴が赤ヘルだったわけだが、それはプロ野球チームの一員としての意識を根こそぎひっくり返す象徴でもあったのだ。昔流の言い方をすれば、選手もコーチも、「赤ヘル」をかぶることでみずからの「根性を叩き直した」のである。

そして、選手もコーチも、フロントも、さらには球団職員や裏方のスタッフも、優勝するということによって引き起こされるさまざまな変化を五体で感じ取った。「勝ちグセ」とまではいかなくても、勝つことによって得られる喜びが、自分たちだけでなく、広島という町全体に、さらには県全体にまで影響するということを体験したのである。

「初めてのことにも臆せず挑戦する」のは、広島県人の遺伝子に深く刻まれている生き方のはずだった。だが、人々はいつしか、そうした生き方を忘れかけていたのかもしれない。

ただ、それにストップをかけたのがアメリカ人のルーツだったというのも、実は広島県人らしい。外から入ってくるものには、一も二もなくあっさりと飛びつく――動機はどうあれ、広島県人には、いい意味での節操のなさもあるからだ。

学校の力

スポーツ王国の源泉

小中学校で、まさかの「カープ愛授業」

プロ野球の球団で、現在東京にフランチャイズを置いているのは、セ・リーグの読売ジャイアンツ（巨人）と東京ヤクルトスワローズの2チームだけである。阪神タイガースというと大阪のイメージが強いが、本拠地の甲子園球場は兵庫《ひょうご》県西宮市だから、「大阪」というわけにはいかない。

パ・リーグに至っては、東京、大阪には1チームもないというのが現状。かつて、阪急ブレーブス（現オリックス・バファローズ）、近鉄バファローズ（同）、南海ホークス（現福岡ソフトバンクホークス）の3球団が大阪にあったことを思うと隔世の感がする。

しかし、こうしたフランチャイズの移動が功を奏し、パ・リーグはいまやセ・リーグにほとんど引けを取らないほど観客が集まるようになっている。2016年の1試合平均入場者数はセ・リーグの3万2282人に対し、パ・リーグは2万5950人。

パ・リーグの１試合平均入場者数がコンスタントに１万人を越えるようになったのは１９７７年、２万人を突破したのは88年から。セ・リーグは１万人を越えたのが54年、２万人突破は75年だから、その差はよほど大きかった。それがここのところ年々縮まりつつあるのだ。

そうした中、２０１６年の日本シリーズで優勝した北海道日本ハムファイターズ、仙台の東北楽天ゴールデンイーグルス、福岡ソフトバンクホークスの３チームは、地元住民の応援が強烈で、「おらがチーム」といったイメージが強い。ホームゲームはほとんど全試合、地元のテレビ局で中継されており、視聴率もけっして低くないという。

しかし、それをはるかに上まわるのが広島カープである。本拠地マツダスタジアムで開催されるカープの試合をその場で実際に観ると、観客の一体感も相当のレベルに達していることがわかる。年季が入っていると言ったほうが正確かもしれない。にわかファンとかとってつけた風《ふう》がまったく感じられないのである。

ほとんどの人がレプリカのユニフォームか赤いＴシャツを身に着けているし、小物もすべて赤一色……。食べているものも球場内の売店で買った広島限定販売の唐揚げやらお菓子やら。もちろん、こちらも器やパッケージのほとんどは赤だ。

だが、それ以上に熱っぽさを感じさせるのは、個々のファンのキャラクターである。文字どおり根っからのカープファン、あるいは先祖代々カープひと筋、祖父の戒名は「必勝院鯉一徹居士《こじ》」かもといった感じがありあり。うっかり対戦相手のチームに関連したグッズでも持っていようものなら、その場で取り囲まれ、懺悔を迫られるのではないかとの不安さえ抱いてしまう（もちろん、そんなことはないだろうが）。

頭の中もまるで、全選手のフルネームから背番号、ひょっとすると最新の成績まで、すべて入っているのではないかと思えるような印象を受ける。

実際、客席から聞こえてくる会話を聞いていても、60歳をとうに過ぎた女性が「○○は出塁率が今シーズン、えらく高いけぇ」などと話していたり、小学校低学年とおぼしき子どもが「去年は3割を超えとったが、規定打席に行っとらんからのー」などと、何気につぶやいていたりなど、こちらが恐れ入ってしまうほど。

スタジアムの周辺に流れている空気もそれに近いものがある。タクシーの運転手も、通りがかりの人も口にするのはカープの話ばかり。「勝っとる？」と聞いてくる者がいたら、「主語」はカープに決まっているし、「おー、3ゼロじゃ」と答えるほうもそれは同じだ。カープ以外に「主語」など存在するわけがないのである。

しかし、ここまで市民・県民が同じような行動を見せるのは、カープについてだけは同じ意識・感覚でいるからだろう。そして、それにはきちんとした理由がある。

恐るべき郷土愛と教育の力

「(広島)市では昨年度(2015年4月〜)から、市内の市立小学校141校と市立中学校63校の小学6年生と中学1年生に、原爆投下後の焼け野原から市民に支えられて広島に対する〝カープ愛〟を題材にした授業を行っている。子どもたちは、カープの歴史や統計資料を載せた教科書を熱心に読み込み、郷土チームの躍進に誇りを感じている」

と書かれた日刊スポーツ(2016年9月5日付)の記事を見て驚いた。

小学6年生の場合、授業科目の名称こそ「言語・数理運用科」とお固いが、カープが初めてCS(クライマックス・シリーズ)進出を果たしたとき(2013年9月25日)の号外や翌日付の中国新聞に載った記事「赤い声援 届いた」「カープ初のCS 中日下す 16年ぶりAクラス」を提示しながら、「3位なのにどうして広島市民はこんなによろこんだのかなあ?」と問いかける。また、球団結成以来の順位、年間観客数の変化などの統計データを提示しながら、「昔のカープはどうだったのか、これまでの順位やお客さんの数から考えてみよう」と呼びかけている。

中学1年生の教科書を見ると、「カープと市民の物語」というタイトルで6ページが割かれている。「広島には、市民球団と呼ばれている『カープ』があります。どうして、市民球団と呼ばれているのでしょうか。カープと広島市民のかかわりについ考え、広島市を訪れた人にわかりやすく紹介しましょう」と、大人でも一瞬ギクッとするような問いが記されているのだ。

資料として、樽の中で1尾のコイが泳いでいる写真に「待ってろ。ワシらの愛で、思いっきり泳がせたる」というコピーがついた広島新球場建設「たる募金」推進委員会の広告ポスターと、「その『たる』を満たしたのは広島とカープへの愛だった」という中国新聞（2009年4月10日付）の記事の見出しが掲げられている。

市の教育委員会は「あくまで、データを読み取り、考え、表現する能力を鍛えるのが目的・子供の食いつきがいい素材を選んだ結果」とコメントしているが、こうした素材を出されれば、だれだって真剣に広島カープの存在を意識するし、実はそれが広島市民・県民の生活の一部になっていることをいやおうなしに自覚するにちがいない。

中学1年生の同じ箇所には、「広島市の歩み」と「カープの歩み」を年次ごとに並べ、「カープの歩みを、年表にしてみると、当時の市民の気持ちがよくわかりますよ」とさりげない感じで、だがとてもシリアスな課題を提起している。

なるほど、だからカープファンのエネルギーは、ほかの地方都市の地元チームへの応援など足もとに及ばないくらいハイレベルなのだ。いまさらだが、「恐るべし、教育の力」

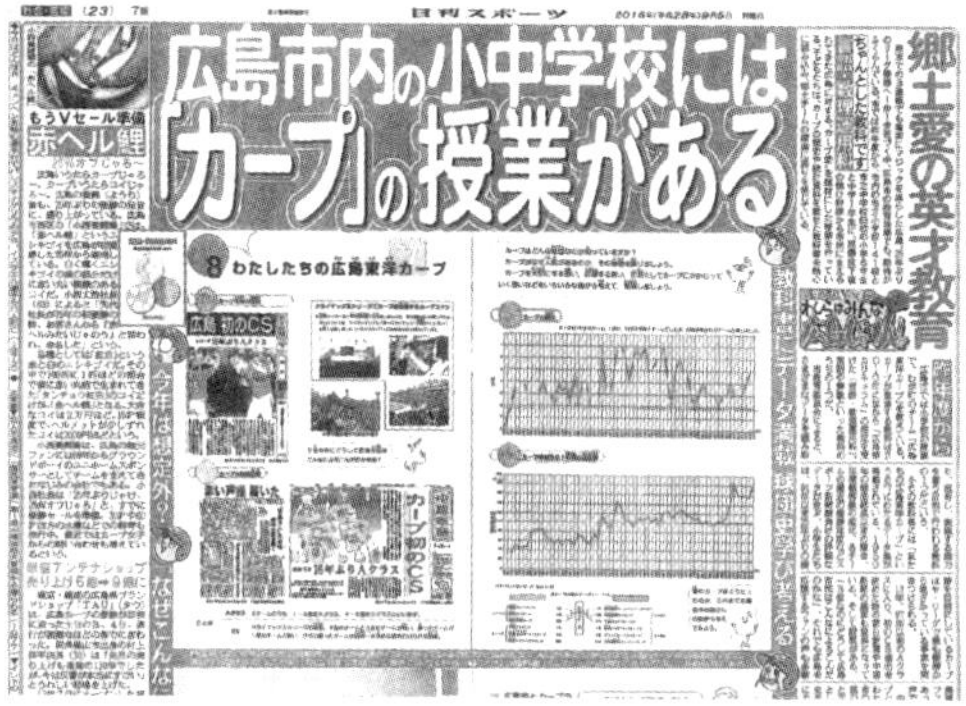
広島市内の小中学校には「カープ」の授業がある

郷土愛の英才教育

広島市内、小中学校の「カープ授業」を報じた日刊スポーツ。

である。これに反対する広島の声はほとんど聞かない。

全国どこの市町村でも、小中学生のときは郷土について学ぶ授業がある。しかし、その素材にプロ野球チームのことが取り上げられているのは、全国でも広島だけだ。近ごろのプロ野球はかつてのジャイアンツ一辺倒という不自然・不平等、そして不愉快な（失礼の段はお許しを！）時代と違い、フランチャイズもあちこちに広がっているから、こうしたことがあったとしても驚きはしない。

だが、札幌も仙台も所沢《ところざわ》も横浜も名古屋も、千葉も神戸も福岡も、ここまで徹することはできないのではないか。仙台や福岡など、同じようなことがあっても不思議ではないように思えるが、プロ野球チームの重みというか、本当の意味でのクラブチームではないのがやはり大きい。

楽天と仙台、ロッテと千葉、またソフトバンクと福岡に、とりたててホットなつながりはない。出会いがしらというかたまたまというか、そこにフランチャイズの空きがあった、あるいは球団の経営を引き受ける企業があったからといった程度なのである。まして、それを義務教育の中に取り込むとなると、容易なことではないだろう。ほとんどの都市に巨人ファンがいるからだ。〝町ごとカープ〟の広島だからこそできることと言っても過言ではない。

「教育の西の総本山」として、日本のスポーツ普及に貢献

ただ、カープ愛や郷土愛は別として、広島県人が教育に昔から非常に熱を入れていたのは事実である。太平洋戦争前は、全国で2校（終戦直前に、石川県金沢市と愛知県岡崎市にも作られた）しかなかった高等師範学校（もう1校は東京）が置かれていた（1902年から）ことからもそれはよくわかる。広島高等師範学校はその後、広島文理科大学附置、さらに広島大学教育学部に姿を変えていったが、「教育の西の総本山」と称され、東京高等師範学校（のち東京教育大学を経て現筑波《つくば》大学）と並んで日本の教育界をリードする存在であった。

荒木俊馬《あらきとしま》（京都産業大学初代総長）、屋良朝苗《やらちょうびょう》（本土復帰後の沖縄県初代知事）、加計《かけ》

勉《つとむ》（加計学園、順正学園創立者）、長田新《おさだあらた》（原爆体験記『原爆の子』を編集）、小原國芳《おばらくによし》（玉川学園創立者）など、ＯＢにはそうそうたる人物の名が並ぶ。

　同窓会は「尚志《しょうし》会」といい、東京教育大学・筑波大学の同窓会「茗渓《めいけい》会」と並び称されるが、近年はその影響力にもやや影が差しているという。しかし、「士たる者その志《こころざし》を高尚に保つ」（孟子）との言葉から会の名称がつけられているように、同校で学び教師として巣立っていった者は皆、高い志を胸に保ち続けたようだ。

　『広島学』でもさまざま取り上げたが、いまの日本でごく普通におこなわれているスポーツも、この広島高等師範学校が最初というケースがけっして少なくない。ここで学んだスポーツを、その後全国各地に赴任していった教師たちが広めていったのである。その意味では影響力も大きいのだが、いまの時代の小中学校でもそれと同じようなことが見られる。

　そうした伝統・風土が根づいたのは、やはり江戸時代以来の教育重視の考え方が影響している。

　江戸時代、現在の広島県は大きく広島藩（安芸）と福山藩（備後）に分かれていた。県北部の三次《みよし》にも藩が置かれたが、こちらは広島藩の支藩だから、前者に含めていい。そして、広島藩は修道館、福山藩は誠之館《せいしかん》と、それぞれ藩校を設けていた。

　広島藩のほうは「講学所」「講学館」「学問所」と名前を変えながら続き、１８７０年、広島城三の丸の「学問所」を第12代（最後）藩主・浅野長勲《ながこと》が城中八丁馬場に移し、「修道館」と称した。「修道」とは、四書の一つ、『中庸《ちゅうよう》』の「修道之謂教（道を修むる之を教へといふ）」から取ったもの。

福山藩のほうは、1786年に4代藩主・阿部正倫《まさみち》が「弘道館」を創立したのが最初である。しかしこれが不振であったため、1854年、7代藩主・阿部正弘《まさひろ》（幕府の老中筆頭も務めた）が廃止。翌年新たに「誠之館」を設けたものの、72年に廃校となる。こちらの校名も『中庸』にある「誠者天之道也、誠之者人之道也（誠は天の道なり、誠之は人の道なり）」に由来している。

現在の県立福山誠之館高校の名も、もちろんそれにちなんでいるのだが、こちらの直接の前身は1879年設立の広島県福山中学校（旧制）で、87年に「尋常中学福山誠之館」と改称されたもの。その後もたびたびの改称を経て1968年に現在の校名となったのだが、藩校との間に直接的なつながりはない。

「誠之館」の場合、〝本家〟とのゆかりという点でいうなら、東京都文京区にある区立誠之小学校のほうがよほど深い。2015年度で開校140周年を迎えた誠之小学校は、1875年に福山藩邸跡に設けられた誠之学校に淵源《えんげん》がある。同校の校是《こうぜ》はいまも「誠之人道」。しかも、その名づけ親は藩校・誠之館の開設者である阿部正弘と親交の深かった水戸藩主・徳川斉昭《なりあき》であった。

太平洋戦争前は、学区内の西片《にしかた》に居を構えることが日本の「エスタブリッシュメント（支配階級）」であることを示すとも言われた。公立でありながら都内有数の名門小学校として知られ、かつては番町《ばんちょう》小学校・麹町《こうじまち》小学校（いずれも千代田区）とともに小学校「御三家」と呼ばれた。

この3校には上流階級・有力者の子弟が学区を超えて入学、その多くが「一中（現日比《ひび》谷《や》高校）→一高（現東京大学教養課程）→帝大（現東京大学）」というコースを歩んだという。

名だたるスポーツ名門校、その背景にあるもの

もっとも、修道とか福山誠之館、また広島学院、広大附、広大附福山は、名門高校ではあっても、大学進学という分野での話である（修道はその昔サッカーでも強かったが）。広島県の場合は、それよりスポーツの名門校のほうが名前もすらすら浮かんでくる。

野球好きなら広陵、広島商業。最近では如水館《じょすいかん》（三原市）と広島新庄《しんじょう》（北広島町）だろうか。太平洋戦争前は呉市の大正《たいしょう》中学→呉港《ごこう》中学（現呉港高校）が甲子園に6回出場している。藤村富美男や柚木進《ゆきすすむ》（旧南海ホークス）の母校である。

サッカーは近年、広島皆実《みなみ》が最右翼の座にある。かつては国泰寺《こくたいじ》（旧広島一中）が全国の中学・高校のサッカー界をリードする存在で、優勝・準優勝を各3回記録している。広島県勢としてはこれまで94回を数える全国大会で9回優勝しているのだから、レベルはかなり高い。

バレーボールの崇徳《そうとく》も、一世を風靡した時代がある。猫田勝敏もOBの一人。1990年には、同校のOBが、全日本女子、全日本女子ジュニア、また日本リーグ所属の実業団8チームのうち4チームの監督を務めていたほどである。近年は広島工大高も強い。女子バレーでは、県内の公立高校でいちばん早くから体育コースを設けている市立沼田。同校は「スポーツの沼田」とも呼ばれている。

ラグビーは以前広島工業の独壇場だったが、最近は尾道高校が花園の常連。マイナーな競技だが、山陽はホッケーでかつて強豪の名をほしいままにした時期がある。

それと、駅伝の世羅《せら》高校（世羅町）を忘れてはならない。2015年の全国高校駅伝では男子が9回目、女子も初と、史上初めての男女アベック制覇を成し遂げ、話題となった。第1回（1950年）・2回大会を連覇したこともあって「高校駅伝の草分け」として知られている同高だが、80〜90年代は低迷。しかし2000年代に入ってからは、海外からの留学生の活躍もあって息を吹き返し、これまで45回の出場で9回優勝（いずれも全国最多）という輝かしい実績を誇っている。ちなみに、箱根駅伝で15・16年と連覇を果たした青山学院大学の原晋《すすむ》監督も同高のOBだ。

広島高等師範学校があったおかげで、広島県内の旧制中学・新制高校のスポーツは明治時代から全体的にハイレベルだった。しかも、スポーツを本来のスポーツとして教えたように思えるのだ。

英語の「スポーツ（sports）」は見てのとおり複数形だが、もとの単数形〝sport〟は、〝disport〟＝「気晴らし」「楽しみ」「遊ぶ」などを意味する言葉が変化したものだ。さらにさかのぼると、ラテン語の〝portare〟（＝「物を運ぶ、働く」の否定形）〝deportare〟＝「苦役から離れる」「憂いを持ち去る」になる。それが古フランス語の〝desporter〟、英語の〝disport〟＝「気晴らしをする、遊ぶ、楽しむ」になったのだという。

「気晴らしをする、遊ぶ、楽しむ」とくれば、これは西日本全体に共通する空気と言っていい。なかでも福岡県と広島県はその双璧で、これは芸能人が数多く輩出していることとも重なり合う。

福岡県人などとくにそれが顕著に見られるのだが、毎日仕事をするのは、オフの時間を楽しく充実したものにするためという考え方に立っている。ウイークエンドのためのウイークデーということである（拙著『博多学』に詳述）。これが東日本になると逆になり、オフの時間は仕事をより効率的に進めるためにあると考える。ウイークデーのためのウイークエンドなのだ。

それがスポーツの強い弱いに関わってくるわけではもちろんない。カープが四半世紀もの間、日本シリーズどころか、リーグ優勝からも見放されていたことからしてもそれははっきりしている。ファンも、強ければ気分よく楽しみ、弱ければ弱いで悔し涙に暮れながらも楽しみ、声援を送る。そうした時間を味わいたいがためにふだんは仕事に励む――ある意味とても健康的な生き方のように筆者には思える。

学校で教科書・教材まで作ってカープのことを学べば、当然球場に連れていってもらいたくなるし、そこでナマのプレーを見れば、感動もひとしおのはず。それがまた、より熱のこもった声援につながり、次の世代に伝えられていく。学校だけでなく、社会全体が教育の場なのだということを改めて実感させられる広島である。

日本経済新聞（2016年12月2日付夕刊）にも「カープ愛 授業に生かせ」とのタイトルで、この項の冒頭で紹介した話についての記事を掲載していた。「広島市、学力向上へ独自課程」「地元へ関心 同時に育む」との見出しとともに、「通常の授業と比べて児童の〝食いつき〟がすごくいい。苦手意識を持ちやすい資料解読の課題にこれほど熱心に取り組むとは思わなかった」と語る教師の驚きは本当だろう。ちなみに、小学5年生はJリーグのサンフレッチェが題材になっているようで、この先地元プロスポーツチームへの愛はますます高まりそうだ。

「広島の力」を探るヒント

第二章 広島人はなぜ、ファミリー意識が強いのか

ろんご（論語）読みの論語知らず。要するに、理屈を知っていても行動に結びつかなくては意味がない、それより結果を出せということなのだが、広島県人は何事も、まず行動が先に立つ。体当たりでチャレンジすれば結果はおのずとついてくると心得ているからである。

そうでなければ、ニューカレドニアやフィジーにまで移民したりはしないだろう。事前の情報などまったくない時代に、何を根拠としたのかわからないが、体ひとつで行ってしまう。そして、現地で結果を残していく。強烈な生命力があるからこそできることだ。

ただ、そんなとき頼りになったのは、「同じ広島からやってきた」という故郷への愛である。それを端的に示すのが方言への愛着。大阪、福岡、広島は、全国どこへ行っても、自分たちが使い慣れている広島の言葉を忘れないし、実際に使うのも故郷への強烈な思いがあるからだろう。

「ＨＩＲＯＳＨＩＭＡ」の力
ヒロシマのここが知りたい

「なんで広島なの？」と外国人観光客に聞いてみた

「広島の力」の一つに「ＨＩＲＯＳＨＩＭＡ」があるのは揺るぎない事実だろう。「ＨＩＲＯＳＨＩＭＡ」とはもちろん、国際社会の中で認知されている「広島」を指す。観光地といった側面もあるが、そこには１９４５年8月6日以来の歴史も詰まっている。

２０１５年、広島市を訪れた観光客は１１９９万７千人（前年比３％増）に達し、５年連続で過去最多を更新している。なかでも外国人観光客の増加ぶりはすさまじく、１０２万９千人（同56・６％増）と、初めて１００万人を突破した。

11年が27万７千、12年が36万３千、13年が53万、14年が65万７千と年々増えているのだが、その勢いがすごい。従来からの特徴である、アメリカやオーストラリアなど欧米はもちろん、近年は中国や香港、台湾からの観光客も非常に目立つのだ。

その理由の一つは、平和記念資料館が世界最大手のクチコミ観光情報サイト『トリップアドバイザー』でひんぱんに取り上げられていること。円安、大型クルーズ船の誘致、市内で利用できる無料のＷｉ－Ｆｉの大幅増などもプラスに働いているのは間違いないが、平和記念資料館自体の訴求力も並大抵のものではない。

先の『トリップアドバイザー』にはこんな声が出ている。

「戦争にヒーローなんていない。だれもが被害者なんだということを感じました。ここは世界最高の博物館です」（オーストラリア）

「三度行きましたが、毎回衝撃を受けて出てきます」（スペイン）

「展示はデリケートな問題も含みますが、すべての年齢の人が見るべきです。深く考えさせられるでしょう」（スイス）

「日本に行ってここを訪れずに帰るなんてあり得ない」（インド）

２０１２年度の外国人入館者数は15万４３４０人で、東日本大震災の影響で入館者が減った11年度に比べ５万７８３０人も増えている。15年度はおそらく40万人を越えたのではないだろうか。

少子化が進んでいるにもかかわらず、修学旅行で広島を訪れる児童・生徒の数もいっこうに減っていない。もちろん、それには市・県当局のさまざまな誘致活動が功を奏していることもある。

ただ、海外から広島、なかでも平和記念資料館を訪れる人たちの意識は、日本人のそれとは大きなへだたりがあるようだ。

「子どものころに教科書で習ったヒロシマを自分の目で確かめたかった」

「人類が犯した大きな過ちとその悲劇を肌で感じたかったから」

「アメリカ人、日本人、台湾人に関係なく、人類全体の問題として広島は考えなければいけない」

「核兵器の恐ろしさを知りたかった」

「展示物を眺め、資料を読み、資料館を出るときには、心から世界平和を求めている自分に気がつく」（〝外国人観光客に直接聞いてみた、「広島平和記念資料館」を訪れる理由〟『TABIZINE』2016年8月6日）

といった言葉がインターネットで紹介されていたが、戦争あるいは平和について、海外から訪れる人たちのほうがより深い緊張感を持っていることがひしひしと感じられる。

日本国内の修学旅行生の場合、引率する教師の意識にもよるのだろうが、おおかたは、「ずっと広島に来ているから」「いちおう見ておいたほうがいいだろうということで」といった、受け身、消極的なレベルにとどまっているように思えてならない。

つい最近も、人気アイドルグループ「AKB」の一つ「欅坂《けやきざか》46」がハロウィンコンサートで着た衣装がナチス・ドイツの軍服に酷似していると、イギリスの大衆紙「デイリー・ミラー（電子版）」に報じられたのがきっかけで、世界的な批判を集めたことがある。それを知った所属レコード会社が「認識不足」とする謝罪文を自社のホームページに掲載、今後は指摘された衣装を一切着用しないことを明言したとも。

大のおとなにしてこうした現実があるのだから、旅行に参加している児童・生徒が、戦争、平和、原爆、さらに人権といったことに関してどれほどの問題意識を持っているのか、いささか不安になってしまう。海外から訪れてくる人たちの意識や考え方が１００％正しいとか健全だとは思わないが、少なくとも上記のようなフィールドでは、日本人のほうが意識は遅れているようだ。

「ヒロシマ」からの発信をもっと強く

また、クルーズ船で大挙して押しかけてくる大陸中国の人たちの意識もはっきりとは見えない。買い物がメインの目的であることが多いようなので、名所旧跡をはじめとする観光スポットとなると、はたしてどのような興味を抱きながら足を運んでいるのだろうか。

ミュージアムショップで売られている『被爆証言集』『原爆の絵　ヒロシマを伝える』といった原爆・平和に関する書籍、『ヒロシマ・母たちの祈り』等のＤＶＤ、「ノーモア

ヒロシマ ドーム」などのTシャツを〝爆買い〟していくとは思えない。せいぜいバッジ、キーホルダー、絵ハガキ、ミニタオル、一筆箋《いっぴつせん》といったところではないだろうか。彼らが買い物をするのはやはり、デオデオであり、ゆめタウンであり、洋服の青山あたりに落ち着きそうだ。

それはともかくとしても、広島に二つある世界遺産の一つである以上、その存在をいま以上にアピールする必要があるだろう。それも、「世界遺産だからお見逃しなく」といったレベルではなく、来訪してくれた人の意識に強く訴えかけるようなアプローチをしていくことも大事なのではないか。折り鶴を折ることだけが、戦争や平和について思いをめぐらせるきっかけではない。

なぜ広島に原爆が落とされたのかといった歴史的な背景を知ってもらう手立てをもっと講じていただきたいのだ。1945年8月6日以前の広島市が「軍都」であったことはまごうことなき事実だからである。

「軍」と言えばもう一つ、呉市もある。映画などですっかりおなじみになったが、明治の初めまで静かな漁村だった呉に1889年、鎮守府《ちんじゅふ》が置かれる。日清戦争（1894〜95）、日露戦争（1904〜05）、1903年には海軍工廠《こうしょう》が設けられた。軍艦用の砲塔、装甲板など主要部分の開発・製造はもちろん、艦艇と兵器作りのほとんどを担い得る技術と能力があったからこそ、戦艦「大和」を建造することもできたのである。

その「大和」にスポットを当てた海事歴史科学館（大和ミュージアム）は年間の入館者数が、全国の博物館・美術館の中でも第10位（2014年）だという。地方都市にあるこの種の施設で、年間100万人近い入館者を数えるのはまれである。これができたおかげで呉市は全国的な観光地になったとの見方もあるほどだ。

ほかにも、市内には旧呉鎮守府司令長官官舎、レンガ倉庫群、旧呉鎮守府庁舎（現海上自衛隊呉地方総監部庁舎）、戦艦「大和」建造ドック跡など、旧海軍に関わる施設がいまなお残されており、どれも一見に値する。

隣の江田島《えたじま》市には旧海軍兵学校（現海上自衛隊第一術科学校）もある。こちらは入場無料だが、セキュリティーの関係もあるのだろう、見学時間が決まっている。だが、中に展示されている旧海軍関係の資料のうち、神風特攻隊員たちの遺書や遺品は、見る人の胸を強く打つ。

こうした一連の施設をセットにした見学コースなどというのもありそうだ。さらに時代をさかのぼり、日露戦争のころから江田島とその周辺に大小の砲台が設けられていたことなど、日本人もいまでは知らないさまざまな事実も示しておく必要があるかもしれない。

大和ミュージアムは、太平洋戦争終戦後60年目にあたる2005年のオープン以来、多

広島のシンボル、世界遺産の「原爆ドーム」。

くの人が訪れているが、1年目の161万人が最高で、2年目以降はジリジリと減っている。それでも、15年には来館者数が1千万人を突破、修学旅行で訪れる児童・生徒たちにとっては平和について学ぶ場にもなっている。

こうした施設や建造物、資料を日本人はもちろん、広く海外の人たちにも見てもらうことができれば、狭義の「HIROSHIMA」ではなく、まさに「HIROSHIMA県」として、その存在をアピールできるのではないだろうか。

日露戦争当時の砲台となると、いささかマニアックな風がないでもないが、これも実際に目にすれば、広島の歴史的な位置づけがよくわかる。「軍都」といっても通りいっぺんのものではなく、明治時代の日本がそれこそ国の威信をかけて、アジア全体、あるいは世界を相手に戦いを挑もうという、ある意味不遜《ふそん》な構想のもとで広島を作っていくことを考えていたことを知れば、原爆や平和に対する捉え方もまた変わってくるかもしれない。

批判・反対に屈しない力
スポーツを地域密着の武器に

悪いことはすぐに忘れる転換の速さ

2011年に『広島学』を上梓する前、インターネット上に「都道府県データ」というタイトルでコラムを連載させていただいていた。それをもとに単行本も作ったのだが、そこで筆者は広島県について、「広島県人には、他の県との顕著な違いを感じさせる、これといって強烈な県民気質が見当たらない」などと、いささか的外れのことを書いている(『DIAMOND　ONLINE』)。読者には平身低頭して謝らなければならない。

しかし、そのことに気づいたのはわずか2年後。『広島学』の取材を始めてからだ。次から次へ、広島の「強烈な」県民性を示すエピソードに出くわし、自身の不勉強、取材不足を恥じ入ることになった。それこそ、穴があったら入りたい気持ちになったのを覚えている。

その経験があったから、『広島学』では、針が逆に触れたきらいもあり、広島の県民性をいささかオーバートーク気味に書いたかもしれない。と同時に、取材ということの大切さを改めて痛感する機会ともなった。

それはともかく、ほかの都道府県出身の人たちには見られない広島県人の気質も、2016年の広島カープのセ・リーグ優勝を強力に後押ししたにちがいない。牽強付会《けんきょうふかい》(理屈をこじつけること)と言われればそれまでなのだが、少なくとも、その土台に〝広島県人の血〟が脈々と流れていることは間違いなさそうである。

広島県人の五体を貫いている要素の一つに、「他者の思惑を気にしない独立自尊の気風」あるいは「批判・反対に屈しない」ということがある。まわりに気を使ってばかりいては、カープの応援にしてもああまで熱くはなれないだろう。

ヤクルトスワローズが万年Bクラスから球団創設以来29年目にして初のリーグ優勝、さらには日本シリーズをも勝ち取った1978年、チームを率いたのは呉市出身の広岡達朗《たつろう》だ。

ただ、広岡は広島県人らしさをほとんど感じさせない、どちらかと言えば紳士然《ぜん》としたイメージが強い。その意味では、東京が本拠地のチームを率いていて正解だったように思えるのだが、このときのスワローズとファンにもすこぶる一体感があった。

とはいっても、しょせんは東京である。いまの東京はあまりに人が多く、しかもその多くが全国各地からやってきている。そのため、県民性という点ではいまひとつ希薄と言わざるを得ない。

「ホームチームが日本一」というドラマを目の前で見せられたとしても、それが生活の全領域に影響を及ぼすとは考えにくい。仕事があり、勉強があり、家事があり、育児があり……という日常が厳しく追いかけてくるからだ。また、それによって東京全体が活性化するなどということも考えにくい。

巨人も東京に本拠地を置いてはいるが、こちらは言うならば〝全国区〟のチームで、優勝して東京に暮らす人たちが元気になったとか、大きな経済効果があったなどという話はほとんど出てこない。せいぜいデパートや大手スーパーの「優勝記念セール」程度である。実際、そこに足を運ぶ人も、全体からすればたいした割合ではないだろう。何かにつけて忙しい東京人には、いちいちそんなところに足を運ぶひまもなさそうである。

銀座や日本橋などの繁華街、新宿通りや青山通りといった人通りの多い道を歩いても、「祝優勝」とか「祝日本一」といった横断幕やのぼり、看板に出くわすわけではない。ほかにも数々あるニュース、それもごく一過性のできごとでしかないのだ。

だが、これがすでにプロ野球チームのある札幌や福岡、またいま現在はないものの新潟や浜松にチームがあったとすれば、おそらく上を下への大騒ぎになり、人々のテンションもぐんと高まるにちがいない。ひょっとすると、日常生活に支障をきたすことだってあり得そうだ。

ただ、それでも広島ほどのことにはなるまい。広島ではプロ野球、というかカープの存在自体が県民の生活の一部になっているからである。とくに3月から10月にかけての時期はその比率も大きく、勝ち負けが翌日の仕事・勉強・家事・育児……にまで影響を及ぼすのではないだろうか。だが筆者は、これこそがプロのスポーツチームの本来的なありようだと思うのである。

アメリカの4大プロスポーツ（野球、バスケットボール、アメリカンフットボール、アイスホッケー）やヨーロッパのサッカーチームのほとんどが、そうした状況にあるのを見聞きするたびにうらやましく感じるのだが、その意味で広島県・広島市とカープとはある意味で理想的な関係にある。

全国各地に暮らす広島県出身者も、リーグ優勝や日本シリーズ制覇が近づいてくれば、何を差し置いてでも試合を観たいとの思いに駆られるだろうし、状況が許すなら広島に帰ってマツダスタジアムのスタンドの端っこでもいいから身を置き、同じカープファンとしてチームに声援を送りたいと願うはずである。

実際、2016年9月10日、セ・リーグの優勝がかかった対巨人戦（東京ドーム）のテレビ中継放送（ＮＨＫ）は広島地区で平均視聴率60・3％、瞬間最高視聴率71・0％を記録した。関東地区でも16・8％だったが、それを圧倒的に上回る数字だ。

東京や大阪はもちろんのこと、札幌や福岡とも一線を画す、地元球団への愛の強さは、言葉は悪いが病的なレベルにまで達しており、その意味では幸せな都市のように思えてならない。チームの力が足らず、シーズン半ばにして優勝どころかＡクラスさえ絶望になったとしてもなおかつ球場に足を運んで声援を送るファンが数多くいるカープの広島（県）は、「地方」の理想とも言える。

２０１６年のセ・リーグ制覇、そしてＣＳ（クライマックス・シリーズ）を勝ち上がり日本シリーズまで行ったことによる広島県全体の経済効果はおよそ３４０億円との試算が発表されていた（中国電力エネルギア総合研究所による）が、それもむべなるかなという気がする。

ちなみに、これは前年より92億円増、２００９年に現在のマツダスタジアムが完成して以来最高の数字だという。

逆風を追い風にする

カープ以外にも広島にはプロのスポーツチームがいくつかある。サッカーＪリーグの

「サンフレッチェ広島」はその一番手だ。

また、2016年9月から新たにスタートしたバスケットボールBリーグ2部の「広島ドラゴンフライズ」も、バスケットボールの根強い人気を考えると、強くなりさえすれば大きくブレークする可能性は大きい。

しかし、筆者が個人的に注目しているのはハンドボールの「メイプルレッズ」である。ハンドボール自体、日本ではまだまったくのマイナー競技なのだが、ヨーロッパではイギリスを除き、プロのリーグまであるほど盛んなスポーツである。

広島県にはなぜか、湧永《わくなが》製薬（本拠地は安芸高田市）という実業団の男子チームとメイプルレッズ（広島市）という女子のクラブチームがあり、ともに日本リーグに所属している。どちらもかなりの強豪で、地元での注目度もそれなりに高い。

日本リーグはその名前からも想像がつくだろうが、完全なプロのリーグではない。実業団とクラブチームが混在している、いうならばプロへの過渡的段階にあるリーグである。

男子のほうは、湧永製薬のほか大同特殊鋼（名古屋市）、大崎（埼玉県三芳《みよし》町）、トヨタ紡織九州（佐賀県神埼《かんざき》市）、トヨタ車体（愛知県刈谷《かりや》市）、北陸電力（福井市）、琉球コラソン（沖縄県沖縄市）、豊田合成（愛知県清須《きよす》市）、トヨタ自動車東日本（宮城県大衡《おおひら》村）の9チーム。このうちクラブチームは琉球コラソンだけだ。

また、女子はメイプルレッズのほかオムロン（熊本県山鹿市《やまが》）、ソニーセミコンダクタ（鹿児島県霧島市）、北國《ほっこく》銀行（金沢市）、HC名古屋（名古屋市）、三重バイオレットアイリス（三重県鈴鹿《すずか》市）、飛騨《ひだ》高山（岐阜《ぎふ》県高山市）の7チームから成る（HC名古屋以下3チームもクラブ組織）。

本拠地を見ると東海地方（愛知、岐阜、三重）がやたら多いし（男女合わせて16チーム中6チーム）、男子など9チーム中4チームがトヨタ系の企業である。

おもしろいことに、ハンドボールで日本リーグに属するような強豪チームは東京も大阪も皆無である。札幌、仙台、横浜、福岡にもない。地方都市、それもあまり名前の知られていないところが多いのだ。バスケットボールのBリーグもこうした傾向が若干見られるが、ハンドボールほどの偏りはない。

Bリーグは上下両ディビジョン（B1・B2）合わせて36チーム、プロ・アマ混成のB3まで含めると45チーム（2016年現在）もあり、いささか数が多すぎる感がしないでもない。この先数年間のうちに自然淘汰《とうた》され、もう一度体制を見直さなければならなくなる可能性も大いにある。だが、ハンドボールはそうした過程はすでに終えており、現在の体制でほぼ固定化するのではないかと見ている。

ただ、いかんせんマイナーな競技だから、それなりの仕掛けや工夫が必要であろう。しかし、日本経済の景気がいまだ好転しない逆風の中、将来性を見据えて、そうしたマイナーなスポーツ部門を保有あるいはスポンサリングする企業が広島に二つもあるというのはなんとも興味深い。

湧永製薬にハンドボール部が作られたのは1969年。自身もハンドボール選手だった2代目社長・湧永儀助の発案である。以来、「湧永製薬といえばハンドボール。ハンドボールといえば湧永製薬」と言われるほど、日本ハンドボール界の盟主的な存在を保ってきた。79年から85年には全日本総合選手権で7連覇、また83、90年にはグランドスラム（日本リーグ・全日本社会人・国体・全日本総合）も達成している。

メイプルレッズは、1994年の「ひろしま国体」開催に向けて結成されたイズミ（後述）のハンドボール部が前身。同年から日本リーグに参加し、韓国のオリンピック代表チームから優秀なメンバーを集めたこともあって、2年後のシーズンでリーグ1位に。翌年1月のプレーオフに進出し、創部3年目で初優勝を飾る。その後も98年のシーズンから3年連続優勝、さらに全日本総合ハンドボール選手権大会では97年に初の王座に輝き、その後99年から2年連続で優勝している。

しかし世紀が変わると、日本のスポーツ界をリードしてきた企業チームの廃部や活動縮小が相次いだ。イズミのハンドボール部もそうした流れの中、廃部の動きがあったものの、

「（強い）イズミハンドボール部の火を消してはならない」との気運がファンの間で高まる。結局、２００１年、イズミをメインスポンサーとするクラブチームへの移行が決まり、23社の企業と５００人のサポーターが共同出資する形で、翌02年、ＮＰＯ法人広島女子スポーツクラブ「広島メイプルレッズ」が設立される。

まだ数が少なかったイズミ時代から活躍していた選手が兼任で監督、コーチに就き、ほかの有力選手もその多くが引き続きチームにとどまったため、高いチーム力を保つことができた。２００４年には日本リーグ７連覇を成し遂げ、全日本社会人・全日本総合・国体と合わせて、女子では史上３チーム目となる４冠を達成。翌05年も日本リーグで優勝し７連覇、これはリーグ記録となっている。

マイナースポーツも、県民と市民で支える涙ぐましさ

メイプルレッズの母体となったイズミは、広島市に本社を置くスーパーマーケットチェーンである。同社の前身は衣類卸問屋の山西《やまにし》商店で、こちらは１９４６年、山西義政が広島駅前・猿猴橋《えんこうばし》町の闇市で始めた屋台がルーツ。50年に衣類卸問屋・山西商店を設立後、その小売り部門として61年に株式会社いづみを創業、広島市堀川町（現・中区新天地）にスーパー1号店（八丁堀店）を開店してからは発展の一途をたどり、80年６月から

現在のイズミに社名を改めた。

同社がいま力を入れている「ゆめタウン」は総合スーパー（GMS）型の中商圏型店舗で、大型ショッピングセンター（SC）型＝大商圏型と合わせ、経営の大きな柱となっている。第1号は1990年6月にオープンした「ゆめタウン高梁《たかはし》（岡山県）」だが、2016年9月現在、中国地方を中心に兵庫県から熊本県まで62店舗を展開中だ。

本体の経営についてては門外漢なので深入りはしないが、ハンドボールに目を着けたところに、筆者は広島県人らしさを感じずにはおれない。マイナーな分野に光を当てるというのは、芸術家ならともかく、数千人の従業員を抱えながら企業経営にあたる者にとっては、よほどの財力と信念がなければ難しい。

日本でメジャーなスポーツといえば野球、サッカー、バレーボールの3つだろう。広島にはこの3競技とも、カープ、東洋工業（サンフレッチェ広島の前身）、専売広島（JTサンダースの前身）と強豪がそろっていたので、新たに進出するのは難しかったのかもしれない。それ故に、あまり光の当たっていない競技をという思いがあったのだろうが、周囲からは「道楽が過ぎるのではないか」「そこまでの財政的な余裕はない」など、強い反対の声もあがったはずである。

しかし、そこが広島県人の広島県人たるところ。「他者の思惑を気にしない」独立自尊の気質が頭をもたげてくるのだ。

また、見方を変えていうなら、マイナーなスポーツであれば、身の丈《たけ》に合った負担・リスクで済むのも間違いない話で、そのあたりも決め手の一つになったように思える。実際、21世紀に入り、全国の名だたる企業がスポーツから撤退し始めたとき、イズミも早々にそうした動きを見せたのは先述したとおり。

だが、それまで地元チームの強さを見せつけられていた広島のハンドボールファンは、それをいさぎよしとしなかった。また、ハンドボールの魅力に取りつかれた人も少なくないはずだ。

ほかの地元企業にも声をかけ、自分たち自身は基金を募り、なんとかチームが続くように動いた。かつて広島カープが経営危機におちいったときを彷彿させる状況が見られたのである。

もちろん、1950年代半ばといまとでは日本の経済状況もまったく違う。それでも、「市民」「県民」の手で地元のスポーツチームをなんとか継続させたいとの強い思いにかけては、カープに対するそれとまったく変わらない。

結果、2002年からは「クラブチーム」として再出発し、ファンの望みをつなぐことに成功した。イズミの側もいまでは、「地域の活性化に貢献したい」（山西泰明社長・

2016年1月1日付中国新聞）とはっきり明言しているから、スポンサーから降りるようなことはなさそうである。

ちなみに、メイプルレッズの協賛企業として名を連ねているのはイズミのほか、オタフクソース、広島信用金庫、モルテン、サニクリーン広島、医療法人社団おると会、三井ガーデンホテル広島、ゼネラル興産、東光印刷、新広島設計、インテリアニシ、広島綜合警備保障、シモハナ物流（坂町）、医療法人社団八千代会八千代病院（安芸高田市）といった県内の企業のほか、日本ユニシス、清水建設、五洋建設、キリンビールマーケティング、キリンビバレッジ、ユニマットライフの全国企業、さらにイズミスポーツ後援会ほか個人の賛助会員である（2016年10月現在）。

イズミは2014年6月、廿日市《はつかいち》市に「ゆめタウン廿日市」をオープンしたが、すこぶる好調のようである。店舗設計にさまざま工夫を凝らし新しいアイデアも盛り込んだとのことで、狙いは、「広島市に流れていた消費を廿日市市に取り戻します。地域の活性化につなげるのが出店の狙い」（山西社長・同）ということにあるようだ。

本業に力を入れるのは当然のことだが、「地域活性化」という観点を見失わぬためにも、スポーツチームのスポンサリングは大きな意味があるように思える。

「三本の矢」＝毛利の力
結束の強さがファミリーを支える

広島には昔から、素晴らしい「兄弟」たちがいた

江戸時代までの広島、とくに西部の安芸エリアは、どの家も家族が多かった。この一帯に広く流布していた安芸門徒（浄土真宗）の教えで、間引き（堕胎）が禁じられていたため、子どもができれば産まなければならなかったからだ。

新たに子どもができても、その分自動的に実入りが増えれば、なんの悩みもない。しかし、現実にはそういうわけにいかないから、どの家でも家族仲よく暮らし、お互いに成長し合えるようにしていくしかない。

それ故かどうなのか、広島では昔から「兄弟（姉妹）」そろって名を成すケースが多い。

古い資料だが、こんな一節がある。

「広島県には傑出した兄弟が多い。特色のひとつだと思うが、これも戦国時代の武将、安芸の毛利元就が、隆元、元春、隆景の三子に与えた教訓状で一族団結を説いた、その話が

思いあわされる」（朝日新聞社『新・人国記①』1963年）。もっとも、「三本の矢」の話は後世の創作との見方が強い。

それはともかく、同書で広島県出身の兄弟の代表として取り上げられているのが永野六兄弟（護《まもる》、重雄、俊雄、輝雄、鎮雄《しずお》、そして治）である。呉市の下蒲刈島《しもかまがり》にある浄土真宗の弘願寺《ぐがんじ》が本家で、父の法城は寺を継がず、裁判官として中国地方の裁判所を転々としていた。

その最初の赴任地・島根県浜田市で生まれたのが護。次いで、同松江市で生まれたのが重雄（のち新日本製鐵会長、日本商工会議所会頭）、山口県岩国《いわくに》市で生まれたのが三男・俊雄（のち五洋建設会長）、同山口市で生まれたのが伍堂《ごどう》輝雄（のち日本航空会長）。五男の鎮雄（のち参議院議員）と末っ子の治（のち石川島播磨重工会長）が広島生まれである。6人という数の多さもさることながら、その全員がそれぞれ、ひとかどの人物として名を成したのがすごい。

ほかにも、重政庸徳《しげまさつねのり》（参議院副議長）・誠之《せいし》（農林大臣）兄弟、鳥居庄蔵（証券取引委員会委員長）・金次郎（富士電機副社長）・辰次郎（海上保安庁長官）の三兄弟、石原武夫（特許庁長官）・秀夫（ゴールドマン・サックス証券会長）・周夫（大蔵事務次官）の三兄弟など、そうそうたる実績を残した兄弟が目白押しである。

スポーツ界では、Ｊリーグの森崎和幸・浩司《こうじ》（双子）がよく知られているが、カープにからめてということなら、やはり新井貴浩《たかひろ》・良太《りょうた》である。

貴浩は広島市出身。広島工業高校から駒澤大学に進み、４年生のときに出場した日米大学野球で打率５割を記録、秋の東都六大学リーグでは打点王とベストナインを獲得し、１９９８年のドラフトで、カープから６番目に指名された。

入団３年目の２００１年からレギュラーに定着、この年は１２４試合に出場し、打率．２８４、18本塁打、56打点の成績を残している。

翌２００２年は１４０試合にフル出場、プロ入り初の規定打席にも到達し、自己最多の28本塁打を記録した。さらに05年は、43本塁打で本塁打王を獲得するとともに、打率も．３０５と自身初の３割越えを達成。カープ最後のシーズンとなった07年は28本塁打、１０２打点の成績を残し、シーズン終了後にＦＡ（フリーエージェント）宣言し、尊敬する金本知憲《ともあき》がひと足先に移籍していた阪神タイガースに移る。

この当時のカープは弱小で、新井ひとりがどう頑張っても、セ・リーグを制する可能性は薄かった。それに業を煮やしたのか、タイガースに移ったのだが、それから７年目、とうとう念願のリーグ優勝を果たす。しかし、なんとも不運なことに、新井はその年、腰を痛めてしまい、夢に見ていたであろう日本シリーズも欠場したのである。

一方、弟の良太は中日ドラゴンズから阪神に移り、4年間一緒にプレーした。目立った活躍はないものの、兄と同じチームで一緒にプレーできただけでも、さほどストレスも感じずにいられたのではないだろうか。仲のいい身内がすぐ近くにいるというのは、なんにせよ安心できるからだ。

新井兄弟以外にも、プロ野球の世界では昔から広島県出身の兄弟選手が目につく。古くは、藤村富美男・隆男、銭村《ぜにむら》健三・健四《けんし》、上田藤夫・良夫、浜崎真二・忠治《ただはる》、岩本義行・信一《のぶかず》、広岡富夫・達朗、永川勝浩・光浩など、それぞれ素晴らしい実績を残している（詳しくは『広島学』参照）。ウィキペディアなどで調べてみると、「スポーツ界の兄弟選手」の多さには驚くが、競技で目立つのはサッカーと野球、そして野球界では広島県出身者が目につく。

「兄弟愛」は広島人の遺伝子

話は変わるが、「兄弟」で思い出すのは歌謡曲『兄弟船』（1982年）だ。作詞は星野哲郎、作曲が船村徹。歌ったのは鳥羽一郎である。鳥羽はNHK紅白に過去20回出場しているが、うち7回はこの曲を歌っている。本人も好きなのだろうが、視聴者にとっても、その歌詞は強烈なインパクトを感じさせるにちがいない。

波の谷間に　命の花が
ふたつ並んで　咲いている
兄弟船は　親父のかたみ
型は古いが　しけにはつよい
おれと兄貴のヨ　夢の揺り籠《かご》さ

陸《おか》に上って　酒のむときは
いつもはりあう　恋　仇《がたき》
けれども沖の　漁場《りょうば》に着けば
やけに気の合う　兄弟　鷗《かもめ》
力合わせてヨ　綱を巻きあげる

たったひとりの　おふくろさんに
楽な暮らしを　させたくて
兄弟船は　真冬の海へ
雪の簾《すだれ》を　くぐって進む

熱いこの血はヨ　おやじゆずりだぜ

JASRAC　出1614901-601

鳥羽自身も、同じく歌手をしている山川豊の兄で、世界は違うが、この曲で歌われている「兄弟」の心情をおのれの生き方に重ね合わせている部分もありそうだ。

詞を書いた星野は日本の歌謡界を代表する作詞家の一人。出身は山口県の最東端にある大島郡森野村（現周防《すおう》大島町）である。同町は瀬戸内海に浮かぶ周防大島（屋代《やしろ》島）など25の島で成り立っているが、島の展望台に立つと広島県まで見通せるほどだから、海を通じて広島県人とも交流が深かったのではないかという想像も十分成り立つ。

星野の夢は船員だった。「瀬戸内の沖合を行きかう船に思いをはせ、幼少時より船乗りとして海に暮らすことを夢に描いた。長じて高等商船学校を卒業し、日魯《にちろ》漁業（現マルハニチロ）に就職。憧れのマドロス人生であったが、わずか2年の後、病気のために下船を余儀なくされる」（星野哲郎公式ウェブサイト「いろはにそらしど」より）。

5年間の闘病生活を経て、1952年、雑誌の歌詞募集に入選したのがきっかけでこの世界に入った。星野はかつて「アマチュアなんですよ、僕はいまでも。頭でつくる天才的な人がいますけど、実体験から抜け出したものが書けないから」と語っていたという。

元船乗りということもあってか、都はるみの『アンコ椿は恋の花』（1964年）、北島三郎の『なみだ船』（62年）など、海や船・港にちなんだ歌詞が多かった。

その星野のもう一つの路線が「兄弟」である。こちらは北島三郎の『兄弟仁義』（1965年）がよく知られているが、兄弟へのこだわりは並々ならぬものがあったようだ（ただし、『兄弟仁義』は義兄弟）。

「三本の矢」のエピソードの真偽はともかく、「兄弟仲よく」という毛利元就の考え方は、家族だけでなく、領民に対しても変わらなかったという。幕末、長州藩の武士や農民がこぞって高杉晋作の「奇兵隊」に加わり明治維新の推進に大きな役割を果たしたのも、もとをたどれば、毛利氏が長年続けていた、家族を大切にするという考え方にもとづいた統治に強い恩義を感じていたからだ。

江戸時代に入ってから、それまでの中国地方全域140万石から防長2カ国40万石弱と大幅に領地・石高《こくだか》を削減されたにもかかわらず、毛利氏が配下の武士・農民の面倒を見続けてきたのは大変なことなのである。

しかも、それから200数十年の間に経済力をつちかい、実質的な石高は71万石（支藩まで含めれば98万石）に達していた。江戸時代の終わりごろには、維新を推進するのに十分な武器弾薬まで確保していたというのだから、並大抵の治政ではなかった。

長州はもちろん、毛利氏の中国地方における出発拠点となった広島の安芸太田、また城を築いた広島も含め、広島・山口両県における「毛利」ブランドの影響力は、県外の者にとっては想像以上に強いのだ。

兄弟というのは、直接的には血がつながっていないせいもあってか、親等は近しくても、意外と仲が悪かったり疎遠になったりするケースが多い。とくに、男性の場合、そうした傾向がある。

そうした中、時代的な背景、あるいは社会的条件もあるだろうが、生涯ずっと親しくしながら、しかもきちんとした業績を残すというのは、むしろまれなことではなかろうか。そこには、親との関係も大きく作用しているにちがいなく、結局は「家族」どうしのつながりが深いからこそ、そうした結果につながるのである。

どんなときも、また何があっても家族を裏切ってはいけない、家族はどこまでも仲よく団結してという生き方が広島県人の遺伝子に備わっているとしか思えない。

大活躍する広島出身の「兄弟企業」

道路を走っていると、いやがおうでも目に入ってくる青の地に白く「青山」と書かれた文字。言わずと知れた紳士服販売チェーンの最大手「洋服の青山」の巨大看板である。テレビCMも多いし、この文字を目にしない日はないと言っても過言ではないほどだが、そのとおり、「青山」は全都道府県に店舗を展開している。

経営母体の青山商事（本社は福山市）は東証1部上場の企業で、「スーツ販売着数世界一」でギネスブックの認定も受けている。最近ではレディース向けビジネスウェアの成長も目立つし、さらに飲食業にも積極的に進出しているという。

その創業者・青山五郎（２００８年に死去）にもやはり「兄弟」がいた。男６人、女１人の７人きょうだいで、男では上から５番目。４人の兄のうち２人が東大、残り２人は東京工大に進んでいる。だが五郎は、旧制中学を卒業したものの体をこわしたため、大学進学を断念。１９６４年、実弟の睦雄《むつお》、妻の弟の宮前洋昭・省三という兄弟４人で、生まれ育った広島県府中市に洋服店を開業した。

最初は、紳士服だけではやっていくことができず、漬物、干物などの地元産品、清涼飲料水などなんでも手がけたという。社名を「商事」としたのもそのためだ。

それでも五郎は３人の兄弟に、「日本一の洋服屋になる」と宣言、「会社が大きくなっても経済界に入らない」「ゴルフをしない」「自家用車に乗らない」という３つの誓いを立てる。「常識的な考えに染まらない。社員が働いている時には遊ばない。いつも社員と一緒に仕事をする。いったん口にしたら、実現するまで、とことんやり抜く。それが私の信条だ」と五郎は当時を振り返っている（「わが日々」中国新聞２００６年4月5日付）。

創業5年目の1969年、売上高が1億円を突破、そのほかの商品からは手を引き、紳士服販売に的を絞る。その3年後、視察で訪れたアメリカのサンフランシスコ郊外の巨大ショッピングセンターで五郎は衝撃を受けた。都心から100キロも離れた、まわりにほとんど何もないような場所に建っていながら、買い物客が続々とマイカーでやってくるのを目の当たりにしたのだ。これと同じ現象がいずれ日本でも起こると、五郎はそのとき直感したようである。

これまでのような駅前への出店だけでは限界が来ると読んだ五郎は、1974年、日本で初めての郊外型紳士服店を西条《さいじょう》町（現東広島市）にオープンする。五郎の読みどおり、これが突破口となり郊外型店舗は大成功、10年後には売上100億円の大台を突破するまでに成長した。

「洋服の青山」の巨大な看板も五郎のアイデアである。「ロードサイドに出す店は、とにかく目立たなければならない。道は真っすぐより緩やかなカーブがいい。ドライバーの目に『洋服の青山』のでっかい看板が飛び込んでくる場所だ。ここなら間違いない」（「同」中国新聞2006年4月14日付）。

その後も、委託仕入れから完全買い取りという、この業界では画期的なビジネススタイルを採用するなどしながら、全国に次々と店舗を展開し、いまでは798店舗（2016

メジャー企業「洋服の青山」は広島から生まれた。

年3月末時点）、また売上高も連結で2402億2千万余（単体では1897億）円という堂々たる大企業に成長したのだ。

開業のとき「日本一」を宣言したのは心意気の領域だが、それ以上に、ロードサイドに店を作るという、だれも未経験のことに果敢にチャレンジするのがいかにも広島県人らしいではないか。

しかも、広島らしく「兄弟（五郎の場合は義理の兄弟も含めてだが）」が手をたずさえて事業を展開していった。かりに毛利輝元の「三本の矢」が創作であったとしても、そこに込められた「家族・兄弟が団結して」という教えは広島県人の血に強く流れているようだ。

毛利氏から学ぶ「家」を守るという教え

ただ、それも「毛利」に対する深い信望・尊崇の念があってのことだろう。

毛利氏のルーツは、鎌倉時代までさかのぼることができる。平安時代の末ごろ、朝廷に仕えていた大江広元《おおえのひろもと》は、源頼朝に招かれて鎌倉に下りその側近となった。1192年、頼朝が鎌倉に幕府を開き、武士が初めて政治をおこなうにあたり、朝廷の内情に精通し、法律などの知識が豊富な広元は貴重な人材だったのだ。

広元は守護・地頭の設置を提案するなど、政所《まんどころ》の初代別当《べっとう》として草創期の幕府に大いに貢献、その功績により各地に所領を与えられた。その中に相模《さがみ》国毛利庄（現神奈川県厚木《あつぎ》市）があり、広元の死後その地を相続したのが四男・季光《すえみつ》であった。それをきっかけに毛利季光と名乗ったのが、毛利氏の始まりである。

季光は1221年、承久《じょうきゅう》の乱に際し、執権・北条泰時に従って後鳥羽《ごとば》上皇方と戦い、大いに武名をあげた。この功によって安芸国吉田庄（現安芸高田市）の地頭職に任じられる。だが1247年、北条氏と対立して戦いを起こした三浦氏（妻の実家）方に与《くみ》し、宝治《ほうじ》合戦で敗れたため、鎌倉で4人の息子も含め一族郎党500余人とともに自刃した。毛利一族はこれによって大半がついえてしまったのだが、たまたま越後国佐橋庄《さはしのしょう》（現新潟県柏崎《かしわざき》市）にいた四男・経光《つねみつ》の一族だけが生き残る。

幕府も経光を信頼し、佐橋庄と吉田庄は取り上げなかったため、毛利家の血筋は絶えずに済んだ。そして1336年、経光の四男・時親《ときちか》以下4代の子孫が毛利庄から吉田庄に移った。以後、吉田庄が毛利氏の本拠地となり、一族を周辺に分家しながら勢力を拡大していく。

また、元就の妻は、大朝新庄《おおあさしんじょう》（現北広島町）を本拠とし山県《やまがた》郡東部を支配していた国人《こくじん》・吉川《きっかわ》氏が実家。元就の兄興元《おきもと》の妻は、安芸・備後・石見《いわみ》（現島根県）の三国にまたがる広大な領域を支配していた、同じく国人の高橋氏出身である。三氏は所領が接していたこともあり、以前から婚姻関係を通じてつながりを深めていたようだ。

安芸国にはそれ以前から、甲斐《かい》（現山梨県）の武田氏が守護として任じられ、守護代を派遣していたが、南北朝時代に分家し安芸武田氏となる。しかし、室町幕府は武田氏を解任、その後今川氏、細川氏、渋川氏、そして山名氏が守護職を引き継いだものの、有力な支配者がいない状況が長く続いた。

そこで、安芸の国人領主たちは、相互扶助を目的に団結することで対処しようとした。16世紀初めごろは大内氏（周防《すおう》・長門《ながと》国）が安芸一帯に強い影響を及ぼしていたが、出雲《いずも》の尼子《あまご》氏の力も伸びつつあった。そこで、毛利興元の呼びかけで、1512年、安芸国人一揆契約（国人領主連合）が結ばれることになる。

契約に加わったのは、毛利氏、小早川《こばやかわ》氏（竹原小早川家）、高橋氏、吉川氏ら9家。すべて大内方に属している国人領主で、「将軍や他家からの命令には、相談してから対応を決める」「合戦時には協力する」など、対等な立場を維持しつつ、互いの利益を図るという内容であった。

だが、そもそも毛利氏とほとんど同格の国人領主間の盟約でしかないから、その後の情勢によっては、国人たちが反乱を起こしたり策謀をめぐらしたりなど、毛利氏は緊張を強いられる。そうした中で硬軟両面の策を講じながら徐々に勢力を伸ばしていった元就は、安芸国人だけでなく大内氏と尼子氏の双方からもいつしか一目置かれるようになり、やがて中国地方全体を支配する戦国大名に成長していく。安芸の安定は毛利氏なくしては実現し得なかったと言っていいだろう。

毛利氏は戦国大名にのぼり詰めてからも、近隣の諸大名と無用な対立をきたすまいと、姻戚関係を軸に、毛利氏を中心に互いがバランスを取りながら、それぞれ家を維持していこうと努めた。その軸を成したのが、本家と小早川氏、吉川氏（合わせて「毛利両川」とも呼ぶ）の団結で、毛利という「家」を守るには、兄弟の団結が何より第一という教訓を残したのである。

それから400年以上が経過したいまも、この教えが広島県人の脳裏に息づいているのは間違いなさそうだ。

「仁義なき戦い」の力
〝広島モンロー主義〟を貫きたい

リアリズムの極意！

次章でも触れるが、東映映画『仁義なき戦い』（監督・深作欣二《ふかさくきんじ》）が、「キネマ旬報」の『オールタイム・ベスト映画遺産200（日本映画編）』で第5位に選ばれたのは2009年。星の数ほどある日本の映画作品の歴代トップ5にランクされたのだから、よほどの名作である。筆者も学生時代、全作品を少なくとも3回ずつは観た記憶がある。

全部で5作続いたシリーズの舞台は、太平洋戦争直後から1964年ごろまでの広島と呉。この二都市のヤクザ（1作目では主に山守組と土居組。その後は大友組、村岡組、広能《ひろの》組、打本会、天成会、早川組、市岡組、さらに神戸の明石組、神和会など数多くの組織が登場）が繰り広げた、血で血を洗う凄惨な抗争を描いたものである。

飯干晃一《いいぼしこういち》の原作のベースになったのは、実際その争いに身を置いた呉のヤクザ美能幸三《みのう》が1963年から70年まで、網走《あばしり》刑務所服役中に綴った手記である。東映が〝実録〟と謳《うた》ったのはそのためで、それが同作品のリアリティーをいっそう高め、こんな恐ろしいことが本当にあったのだということを知って驚いた。

山守組の若衆・広能昌三（モデルは美能）を演じたのは菅原文太。共演した金子信雄、松方弘樹、梅宮辰夫、成田三樹夫、遠藤辰雄、小林旭、志賀勝、室田日出男、加藤武、北大路欣也、山城新伍、内田朝雄、田中邦衛、川谷拓三《かわたにたくぞう》らによる広島弁のセリフに強烈な衝撃を受け、そのイントネーションや語調が数日の間、頭にこびりついていたことをいまでも思い出す。

元ＴＢＳプロデューサーで演出家の鴨下信一は「出演者は各々のベスト・パフォーマンスを見せているが、これらの誰よりも大スターがいて、その魅力が全編を支えている。それは広島弁である」（『会話の日本語読本』）と書いているが、これほど当を得た言葉はあるまい。

菅原も、「方言ていうのは、芝居つくってくうえで適切なんじゃないですか。標準語よりもね。土のにおいがするというか。芝居してて、いちばん感じをつかみにくいのが標準語ですよね。言葉が生きてない」と、『週刊朝日』のインタビューで答えている。

脚本の笠原和夫は綿密な取材を重ねる中で広島弁を研究し、辞書まで作ったとのウワサもあった。とはいえ、広島弁独特の語感を１００％つかみ切れるものではない。そこで、広島県（旧西条町《さいじょう》＝現東広島市）出身の岡田茂東映社長（当時）がときおり口にしていた言葉を思い起こしながらセリフを紡《つむ》いでいったという。それが、演技をよりビビッドなものにし臨場感を増したのだ。

また、山守組組長・山守義雄の役について、深作は三國連太郎を起用しようとしたが、社長の岡田が「三國の広島弁は考えられない。広島弁の明るさが出なければだめだ」と拒んだため、金子信雄が抜擢されたというエピソードもある。

さらに、第1作目で土居組若衆頭《わかしゅうがしら》の若杉寛を演じた梅宮辰夫が「おい、テンプラがバレしゃぁせんかのぉ」というセリフを口にするシーンの撮影時、見学していた岡田が「違うぞ、辰！　バレしゃぁ、じゃのうて、バレやあ、って上げてみろ」と指摘し、梅宮がそれに従うと、「よし、それでいい」とOKを出したとの話も伝えられている。

要するに、リアルな広島弁のセリフの裏には、広島県に生まれ育った岡田自身の指示が大きくものを言ったのである。

広島弁は、同じ中国地方でも東隣の岡山弁とはかなり異なる。岡山弁のアクセントは関西弁に近いが、広島弁のほうは東京周辺で使われる共通語に似ている。また、テンポも岡山弁よりやや早い。そうしたディテールやニュアンスがほぼ完璧に反映されていたことが、観る者の作品に対するはまり方、イレ込み方を強めたように思えるのだ。

「中途半端」という言葉が辞書にない

なかでも印象に残るシーンがある。3作目『代理戦争』で、打本組（のち打本会）組長・打本昇（演じたのは加藤武）が巨大組織（神戸の明石組）の傘下に入ろうとしていることを、村岡組幹部の武田明（のちに山守組若頭となる。演じたのは小林旭）が広能に伝えるときの、「ここだけの話じゃがよ、親父さん（＝山守組組長・山守義雄）、打本さんが明石組と盃《さかずき》したことに内心怒っておられるのよ……。広島を神戸へ売り渡すようなもんじゃ言われてよ……」

というセリフである。

武田はまた、「広島には広島極道の性根《しょうね》いうもんがあるじゃけぇの。広島極道はイモかもしれんが、旅の風下に立ったことはいっぺんもないんで。神戸のもんいうたら猫一匹通さんけん、よう覚えとってくれい！」

とも言う。

村岡は、「広島のことは広島の者で」という〝広島モンロー主義〟を変えようとしなかった。

だが、それを貫くことがいよいよ許されなくなるのが4作目『頂上作戦』である。広能が山守組から破門されたことに端を発した広能組＝打本会連合と山守組との抗争が、神戸の地で競い合う大組織・明石組と神和会の代理戦争の様相を帯びながら激化の一途をたどっていく模様が描かれる。

村岡の後継者の地位を山守に奪われた打本は広能と提携し、明石組と盃を交わしてその傘下に入り、広島での覇権を奪い返そうと図る。一方、村岡組を譲り受けた山守組は広島最大の組織となったものの、打本会を傘下に収めた明石組から広島を守ろうと、明石組と対抗し合う神和会と提携した。

モンロー主義とは、アメリカがヨーロッパ諸国に対して、アメリカ大陸とヨーロッパ大陸間の相互不干渉（アメリカの問題はアメリカで、ヨーロッパの問題はヨーロッパで）を提唱したものだ。アメリカの第5代大統領ジェームズ・モンローが1823年、議会でおこなった年次教書演説で打ち上げて以来、第一次世界大戦にアメリカが参戦するまで貫かれた。世界のどこにでも顔を出す現在のアメリカを思うと、にわかに信じ難い考え方である。

広島のヤクザも、村岡にかぎらず、本来はこれに似た考え方を基調に行動していた。広島にはよそ者を入れない、干渉されたくないという〝広島モンロー主義〟である。『仁義なき戦い』の1作目、2作目は、そうした枠組みの中での勢力争いを描いたものであった。

それが許されなくなったのは、より大きな組織を作り上げたほうがすべてに効率よく進められるという、高度経済成長万能主義＝大きいことはいいことだ的な発想をヤクザの組織も採り入れるようになったからだ。何をするにも——それが合法であれ非合法であれ——、狭い広島だけで完結させようとしているうちは成長・発展は望めないという考え方が、ヤクザたちを支配し始めたのである。

ただ、思考・行動の枠組みが表面ではそういうふうに変化していったとしても、土台に埋め込まれている遺伝子、体を流れる血がそうそう簡単に変わるものではない。その端的な証拠が言葉である。

広島県人はどこに行っても、生まれ育ってきた広島弁を引っ込めようとしない。変えようと思っても、ふとした瞬間に口をついて出てくるのが方言なのだ。東京の会社に就職したとなれば、社内で広島弁をしゃべることはできないから、どうしてもフラストレーションがたまる。

それを少しでも解消しようと、広島県人は同県人どうしで集まろうとする。『広島学』でも触れたように、東京のレストランやホテルで広島県出身者が集まっての会であることを思わせる張り紙や掲示をひんぱんに見かけるのはそのためだろう。

といって、広島県人の発想自体がローカルに偏しているわけではない。本書にも記しているように、グローバルという観点からすると、よほど幅広い考え方をするし、海外にも積極的に打って出ようとする。とくにビジネスの分野ではそれが顕著で、全国47都道府県のなかでも、そうした志向の強さはおそらくトップレベルを行っているのではないだろうか。

そこには、〝広島モンロー主義〟を貫けるところではそれで徹底したい、ただその中身は思い切りグローバルに――そんな気質が見て取れる。要するに、広島県人の辞書に「中途半端」という言葉はないということである。また、そうした考え方・生き方を極端に嫌う。争うなら白黒がつくまで、自分たちで徹底的に争うということなのだろう。

小気味いいといえば小気味いいのだが、それがしばしば周囲と摩擦を起こすことも予想される。だが、それすらおかしなことと思わないのが広島県人なのだ。

「広島の力」を探るヒント

第三章 広島人はなぜ、グローバルな発想が得意なのか

し（死）中に活を求めるとは、絶望的な状況で、生き延びる道を探すことをたとえた言葉。窮地を打開するためとあれば、あえて危険な道を選ぶという意味でも使われる。

広島カープもそうした状況におちいったことがある。備後の刀鍛冶もそうだった。マツダも同じような経験をしている。

だが、なぜかそこに悲壮感のようなものは感じられない。温暖な気候がそうさせるのか、おだやかな瀬戸内海の空気が人々を支配しているからか。考えられるのは、広島県人が、神仏の加護を心の底から信じているからではないかと。たしかに、出雲も近いし宮島もあるし、門徒の力も強い。

といって、ふだんのおこないが100％常識にかなっているとは、だれも思っていないだろう。図々しいと言ってしまえばそれまでだが、その精神的なタフさこそが、広島県人の真骨頂ではないか。

安芸門徒の力、もしかして弥陀《みだ》の力

中途半端な妥協は許さない

郷土への裏切りは絶対に許さない

何度もしつこいようだが、広島県民のカープに対する思い入れは、他県人には想像もつかないほどすさまじいものがある。

1年中というといささか大げさな気もするが、カープファンならずとも、選手や監督・コーチの動向にはいつも注意を払っているようなのだ。シーズンが終わったあとも、ドラフト会議やFA（フリーエージェント）宣言による移籍、あるいは首脳陣の交代など、話題には事欠かない。

そうした中で感じられるのは、広島県に生まれ育った者が野球をするなら、何をさておいてもカープを志すべしという考え方を、多くの広島県民が持っていることである。

ただ、現行のドラフト制度のもとでは、選手個人の願いどおりになるとはかぎらない。もちろん、その場合は許されるのだが、そうした壁がまったくなかったにもかかわらず巨人に入団した二岡智宏《ともひろ》などは、絶対許せないということになる。

三次市の出身で広陵高校から近畿大学に進んだ二岡は1年生のときからレギュラーを確保し、7期連続ベストナイン、関西学生リーグ通算歴代トップの13本塁打、歴代2位の通算114安打など、図抜けた記録を達成した。1997年には春・秋のリーグ戦、大学選手権、明治神宮野球大会のすべてで優勝、社会人選手権優勝チームとのアマ王座決定戦にも勝ち、史上初のアマチュア五冠達成の原動力となったことで、プロ野球界からも熱い目が注がれる。

同じく関西で同期だった大阪体育大学の投手・上原浩治《こうじ》、横浜高校の超大物投手・松坂大輔とともに、1998年のドラフトの中心と目されていた。

そして、運命のドラフト会議が近づいてくる。上原に関しては早々に巨人が1位指名を決めていたが、二岡に関してはカープのほか、阪神、さらに巨人も名乗りをあげ、3球団の争いとなった。

地元出身の二岡を高校時代から高く評価し続けていたカープは、この年の春、逆指名制度枠による獲得をめざすと公表。しかも、その制度によって入団させるのは二岡だけという姿勢もはっきり見せていた。

ところが二岡は、ドラフト直前になって巨人を逆指名し、2位で契約を結んでしまう。

これがカープファンの逆鱗《げきりん》に触れた。広島県に生まれ育ったのならカープにという、広島県人の常識というか不文律を破ってしまったからだ。

こうしたある意味頑《かたく》なな発想、原理原則に徹底してこだわり、そこから外れることは許されないという考え方には、安芸門徒の影響があるように思えてならない。

「門徒」という言葉は、「門人」「門葉《もんよう》」と同じ意味。古くは本寺の系列下にある末寺の僧侶や信者全体のことを指す。ただ、一般的には浄土真宗の僧侶・信者全体を意味しており、他宗派の僧侶や信者をそう呼ぶことは少ない。そのため、浄土真宗それ自体を「門徒宗」と呼ぶことさえある。

浄土真宗は、在俗の身であっても僧侶＝出家者と同様、弥陀《みだ》（阿弥陀如来）と宗祖・親鸞に連なる信徒として平等であるという考え方が強い。そのため、僧侶と一般の在家信者との間にへだたりや区別がほとんどない。

「われ北越関東の間にありて仏智不思議の本願をひろむるにたれり、関西いまだこの法至らず、明光《みょうこうか》彼に至りて弘通《ぐつう》あらば本望ここ足《た》りなん」と、宗祖・親鸞から直々に西日本の布教を任されたとされるのが、親鸞の高弟の一人・明光である。

明光はその仰せに従い、関東から多くの従者を引き連れて備後に移り住み、布教活動に着手する。その拠点として1216年、沼隈《ぬまくま》半島の中央、山南《やまなみ》（現在の福山市）の谷あいに創建したのが光照寺《こうしょう》で、中国地方最古の浄土真宗寺院となる。

備後の南部からスタートした教線はどんどん拡大し、東は備中《びっちゅう》（現岡山県西部）、西は安芸にまで及んだ。安芸では1459年、安芸武田氏によって、武田山の麓（現広島県立祇園北高校付近）に建立された仏護寺が拠点となった。

室町時代から戦国時代にかけてはさらに精力的な布教活動が展開され、出雲《いずも》・石見《いわみ》（現島根県）、長門《ながと》（現山口県）にまで広がっていく。これに対して備前《びぜん》（現岡山県東部）は日蓮の興した法華《ほっけ》宗の勢力が強かったため、「備前法華に安芸門徒」などという言葉も生まれた。

教義さえひっくりかえす安芸門徒

その後も安芸門徒は、1576年から始まった大坂・石山本願寺における織田信長との長期戦に、信徒たちの寄進によって集めた兵糧《ひょうろう》を、毛利氏・村上水軍と手を組んで運び込んだりしている。結局、この戦いは本願寺側の敗北に終わってしまうが、安芸門徒の支援に感動した上方の信者のなかには、安芸に移り住んできた者もいたという。こうして、安芸門徒はさらに勢力を拡大していった。

仏護寺はその後、あちこち移転しながら現在の広島市内に落ち着き、1902年に広島別院仏護寺と改称。さらにその6年後、現在の本願寺広島別院となった。

いずれにしても、広島県内における門徒の多さは周辺の地域を圧倒しており、その分、社会生活の隅々にまで深い影響を及ぼすことになる。

寛政年間（1789〜1801）に入ると、浄土真宗内で教理に関わる重大な論争が繰り広げられた。本山（西本願寺）では「三業帰命《さんごうきみょう》」を説き、これを宗派全体の根本教義として統一しようと図った。これは、意業（心）・口業《く》（口）・身業（体）の三業を通して弥陀に救済を求めなければ（極楽）往生《おうじょう》はかなわないという考え方である。

しかし、安芸の僧侶たちはそれに異を唱える。親鸞、また中興《ちゅうこう》の祖《そ》である蓮如《れんにょ》の教えの根本は「他力」でなくてはならないはずだと。「（往生を）たのむ」とは「信じる」と同じ意味であり、弥陀の救済は、それを信じると同時に決定《けつじょう》しているという「一心帰命」こそが宗祖・親鸞、また蓮如も説いた「他力」の教えにかなっている。三業を通して「たのむ」というのは「頼む」であって、これは「自力」の所業《しょぎょう》であるというのがその骨子であった。

「一心帰命」を説いたのは大瀛《だいえい》である。大瀛の師・慧雲《えうん》は浄土真宗の純粋な教義にこだわり、門徒は家に神棚を祀ってはいけないと説いたりしている。極楽往生は、弥陀の誓願をひたすら「たのむ」＝「信じる」ことによってのみ得られる。それ以外の迷信、呪術的な要素は一切廃さなければならぬとも説いた。

そのため、安永《あんえい》年間（1772〜80年）以降の安芸では、門松は立てない、虫送り（田んぼにつく病害虫を追い払うための呪術的な儀礼。夜、里人がそろって松明《たいまつ》を焚《た》き鐘を鳴らしてはやし立てながらあぜ道を巡り歩き、川または村境まで虫を送って捨てる）はしない、卯《う》祭りはおこなわない、豆まきもしないなど、ほかの地域においてはごく普通におこなわれている行事がことごとく影を潜めることとなった。

さて、「三業帰命」説と「一心帰命」説のどちらが正しいのかをめぐっては、寺社奉行の前で両派による法論がおこなわれ、安芸門徒が主張した「一心帰命」説に軍配が上がる。

よくよく考えてみるとこれは大変な事態である。キリスト教団で、どこかの国（地域）の信徒集団が打ち立てた教義が、バチカンの本部が守ろうとしていた教義をひっくり返したのと同じだからだ。「法王、あなたの言っていることは間違っている！」という主張のほうが勝ったということである。

黒田博樹に見る安芸門徒の教え

教義の根本に反する習慣、行動は、それがすでに生活の一部に取り込まれていたとしても、排除しにかかるのが安芸門徒であった。宗祖・親鸞の、あるいは安芸門徒にとってはそれ以上に尊崇されていた蓮如の教えにどこまで忠実に従うか、それが自身の往生を決めるという考え方である。

門松や虫送りはおこなわない、あるいは神棚は祀らないといった、純粋性を重んじる考え方は、日常生活の上にもしばしば顔を出してくる。たとえば、こんなことがあった。

カープファンの多くが、ひとたびカープに籍を置いた選手は生涯、他の球団に移ってほしくないと思っている。早い話、面倒を見てくれた球団を裏切るなということだ。それでファンから強烈なブーイングにさらされたのが川口和久と江藤智《あきら》である。

川口は鳥取城北高校の出身で、１９８０年のドラフトで広島カープから1位指名を受け、入団。在籍14年間で１３１勝（１２２敗）をあげ、最多奪三振を3度記録している。

巨人キラーとしても知られ、対巨人戦33勝31敗を記録しているが、対巨人戦で30勝以上あげた投手のうち勝ち越しているのは星野仙一、平松政次と川口の３人だけだ。その川口が１９９４年のシーズン終了後、ＦＡ（フリーエージェント）の権利を行使し（カープの選手としては初めて）、巨人に移ったのである。それまで勝ち越しを記録していた相手チーム（それも巨人！）に移ったのは、やはり人の道に外れてはいないかと、多くのファンは受け止めたのだろう。

江藤も広島県出身ではない。１９８８年のドラフトでカープから5位指名を受けて入団し、カープ在籍中は本塁打王に2回、打点王のタイトルも1回獲得している。

1999年のシーズン終了後、一時は横浜ベイスターズへの移籍が確実視されていたが、最終的には巨人に。当時背番号33をつけていた巨人監督の長嶋茂雄から、「33番を江藤君に譲り、僕は3番をつけます」として譲り受けたのは有名な話だ。

川口も江藤も、巨人に移ってからは全盛期ほどの力がなかったため、カープファンの気持ちを逆撫でするようなプレーを見せたわけではないが、どちらも移籍が決まったときはブーイングの嵐であった。救いは広島県出身でなかったことで、二岡のときよりそのトーンも低かったように記憶している。

そうした意味では、阪神に移った金本知憲や新井貴浩など、いずれも広島県出身なだけに、もっと反感を買っても不思議ではないように思える。これがもし巨人に移っていたとしたら、大変な事態になっていたのではないか。同じ西日本の阪神だからさほど大ごとにはならずに済んだのである。阪神に移った金本の活躍ににんまりしながらも、「カープにおったときもあのくらいしてくれとったらのー」とひそかに歯噛みしたファンは少なくないはずだ。

広島というところは、大阪より東京に対する意識が強い。大学進学、就職にしても、大阪より東京のほうが人気もある。裏返して言うなら東京にはコンプレックスに似た気持ちを抱いているわけだが、プロ野球のように、自身の生活を直接左右する分野でないとなると、それがもろに顔を出してしまうのだろう。

郷土を裏切るといってはいささか大げさではあるが、これもやはり門徒流の思考スタイルのなせる業《わざ》と受け止めれば理解しやすい。

だが、そうした形での後押しがカープの選手たちのメンタルを高めているのも間違いない。その好個の例が黒田博樹である。

黒田は大阪府の出身で、上宮《うえのみや》高校から専修《せんしゅう》大学へ進む。黒田が4年生になった春から東都大学1部リーグに昇格し、1部リーグで通算6勝をあげた。1996年、ドラフト逆指名2位でカープに入団する。

カープの大黒柱として、11シーズンで通算103勝（89敗）の成績を残した。その間、最多勝利を1回、最優秀防御率を1回、最優秀投手を1回獲得。とくに、メジャーに移る直前3シーズンは40勝26敗と、押しも押されもせぬエースだった。

FA宣言をして他球団に移籍するのではとの情報が取り沙汰され始めた2006年のシーズン終盤、一部のカープファンが旧広島市民球場の外野席に巨大な横断幕を掲げたことがある。そこには大きな文字で「我々は共に闘って来た　今までもこれからも…　未来へ輝くその日まで　君が涙を流すなら　君の涙になってやる　Ｃａｒｐのエース　黒田博樹」と記されていた。そのシーズンの最終登板試合で、満員のファンが黒田の背番号15の赤いプラカードを掲げ球場を赤色に染め上げたのは有名なエピソードだ。結局、ＦＡ宣言はしつつもチーム残留を表明、翌シーズンはカープにとどまった。

大リーグに移ったのは翌２００７年。08年から14年まで7シーズン、メジャー（ドジャース４年、ヤンキース３年）に在籍、79勝（79敗）をあげ、日本人投手で史上初めて５年連続２ケタ勝利、さらに日米の先発勝利数２００勝（野茂英雄は１９９勝）を達成している。

その黒田が、ヤンキースから高額の年棒（20億円前後）を提示されながらそれを断わり、

「来季については、野球人として、たくさんの期間を熟考に費やしました。悩みぬいた末、野球人生の最後の決断として、プロ野球人生をスタートさせたカープで、もう一度プレーさせていただくことを決めました。今後も、また日々新たなチャレンジをしていきたいと思います」と語りながら、２０１５年から広島に復帰したのだ。

これが〝男気〟としてカープファンの心を強烈につかんだ。しかし、それ以上にテンションが上がったのは選手たちだろう。しかも、15年が11勝８敗、16年も10勝８敗と２シーズン続けて２ケタ勝利をあげ、優勝にも大きく貢献している。

１９９３年にＦＡ制度が導入されて以来、川口、江藤、大竹寛《かん》が巨人、金本と新井が阪

神に移籍、また黒田、高橋建がメジャーへ移るなどしているのに、FAで獲得した選手はゼロ。こんなチームは12球団の中でカープだけである。それだけに、報恩感謝の念に満ちた黒田の行動にはカープファンだけでなく、多くの日本人が喝采を送った。

文字どおりミスターカープで現役野球人生を燃焼させた黒田博樹。

日本酒の力
名だたる銘酒で外国人も取り込む

広島には「東広島」がある！

「デオデオ（現エディオン広島本店本館）」を「ダイイチ（経営母体が第一産業株式会社だったことから）」と言ったり、広島バスを「赤バス」、広電バスを「青バス」と呼んで区別したり、相生《あいおい》通りのことを「電車通り」と呼んだりするとなると、これはもう筋金入りの広島人だろう。

しかし、20代半ばの女性が、「東広島市」を「西条《さいじょう》」、「広島港」を「宇品港《うじな》」と言う場面に接したときは、筆者のような非広島県人でも、やはり「えーっ！？」と思う。お年寄りになると、JRの列車のことを「汽車」などと言うこともあるらしいが、それは致し方あるまい。だが、若い人の口から「西条」だの「宇品港」が出てくると、やはり驚かざるを得ない。

「宇品港」など、1932年に「広島港」と改められているのだから、彼女の親の代でもどうかといった感がする。だが、広島県人にとって広島の港はいまでも「宇品」というイメージが焼きついているのだろう。

一方、東広島市が誕生したのは1974年だから、いまから40年以上も前のことだ。賀茂《かも》郡西条町・志和《しわ》町・高屋《たかや》町・八本松《はっぽんまつ》町の4町が合併して市制が施行され、その後2005年に、同郡黒瀬《くろせ》町・河内《こうち》町・豊栄《とよさか》町・福富《ふくとみ》町、豊田《とよた》郡安芸津《あきつ》町も編入した結果、いまでは人口も19万を超えている。

たしかに、東広島市が発足した時点で人口がいちばん多かったのは西条町で、その前年で2万6千余を数えた。広島県内でも古くから開けていた町であることを考えると、当然かもしれない。

それを示すのが同市西条中央にある三ツ城《みつじょう》古墳群で、県内では最大の前方後円墳だ。3基の中でいちばん古い第1号古墳が作られたのは5世紀前半（412年ごろ）だという。

律令《りつりょう》制度のもと、安芸に国分寺が建立されたころ（741年）は、政治の中心である「国府《こくふ》（その国の政治の中心。現在の県庁にあたる）」も置かれていた。そもそも、「西条」という地名自体、国府の条里《じょうり》制に由来する言葉だから、かつては「東条」もあったし、両者を合わせて「東西条《とうさいじょう》」と呼ばれた時期もある。

ＪＲ山陽線・西条駅の150メートルほど北にある御建《みたて》神社は8世紀初めごろの創建で、

素戔嗚尊《すさのおのみこと》が祀《まつ》られている。706年、諸国に疫病が流行したとき、素戔嗚尊に祈願したところそれが止《や》んだことから、人々が社《やしろ》を建てたのだという。

また、2005年に消滅してしまったが、「賀茂」という郡名は、かつてこの一帯が京都の賀茂神社（上賀茂神社・下鴨《しもがも》神社の総称）の荘園であったことに由来する。これほど古い時代から西条一帯では人々が活動していたのである。

江戸時代の寛永《かんえい》年間、1630年代に、西国《さいごく》街道の宿場（西条四日市《よっかいち》）に指定された。しかも、「本陣」が置かれたため大いに栄えた。

「本陣」とは、その地を治める大名が泊まる宿のことをいい、地元の名家が営む場合がほとんど。しかし、西条四日市の場合は藩の直営であった。そのため、他藩の大名、幕府の使い、勅使《ちょくし》（天皇の使者）などが泊まることもしばしばだった。

西条四日市では「本陣」を「御茶屋」と呼んだが、この時代、藩内には9カ所の御茶屋が置かれていた。西条四日市のそれは最大の規模を誇り、敷地は1488坪（約4910平方メートル）、部屋数も29を数えた。

有名酒蔵が競う「西条」のブランド

明治時代後半から銘醸地として発展した西条は、いまでは酒の都「酒都」としてつとにその名を知られるようになった。毎年10月上旬の週末におこなわれる「酒まつり」は、西条中央公園と西条酒蔵《さかぐら》通りを中心に、多数のブースや屋台が出、コンサートなどさまざまな催しもある。メイン会場にある「酒ひろば」など、かなりの値段がする入場料を取るのだが、それでも2日間で20万人を超える人出でにぎわうというから、たいしたものだ。

ただ、広島県民は、日本酒の消費量がとりたてて多いわけではない。1人あたり5・84リットルは全国で27位、1位の新潟県（14・04リットル）の4割ほどでしかない（2013年）。

ちなみに、広島県民がいちばんよく飲むのは発泡酒である。2015年の消費量は年間61・0缶（350ミリリットル）で、これは全国平均（27・9缶）の2倍以上だ。質は気にせず、とりあえず酔えればいいという大ざっぱな気質を感じられておもしろい。

さて、広島県の日本酒は1894年、山陽鉄道の駅が誘致されたことで全国への出荷が盛んになってから、その名が知られるようになった。なかでも、日本画の巨匠・横山大観が生涯愛飲したとも言われる「酔心《すいしん》」（1860年創業の酔心山根本店・三原市）は有名である。

ただ、西条でいちばんの老舗といえば白牡丹《はくぼたん》酒造で、創業は1675（延宝3）年だから、350年近くも前。西条本町に4つの蔵を持っているが、出荷先を見ると、広島県を含む中国地方が90％以上を占めている。そのため、全国的な知名度はいまひとつだが、広島県内ではいちばんよく飲まれている酒と言っていいだろう。

全国が相手となると、「賀茂鶴《かもつる》」のほうが上だ。もちろんその名は、「賀茂郡」にちなむ。こちらも江戸時代初期の創業（1623年）だが、当初は醸造業で、酒造りを始めたのはもう少しあとのことになる。

こうしたこともあってか、古くから広島県民の生活の中に浸透している「西条」という地名はやはり重く、東広島などという味もそっけもない地名よりはよほど親しみが感じられる。となれば、若い人の口から出たとしてもさほど不思議なことではないのかもしれない。

しかし、そうした古い地名が普通に出てくること自体、その地域の魅力を物語るものではないだろうか。いうならば、土地が人々を惹きつける力である。「西条」の場合、少なくとも広島県西部（旧安芸国）全域でそれが感じられるのだ。

もちろん、いまでは「西条」イコール日本酒という、かぎられたジャンルのことでしかないかもしれない。そうだとしても、「西条」の名はこの先長く人々が口にするだろうし、それが広島県全体の吸引力にもつながる。

とくに、国が総がかりで「インバウンド」の増加に血道をあげているいま、西条にもこれから先、青い目の外国人がどんどん訪れてきそうである。それというのも、日本酒の人

西条は、伏見（京都府）灘（兵庫県）と並ぶ、日本酒の名産地。

気はすっかりグローバル化しており、どこの国の人たちも深い関心を寄せているからだ。

　日本人は先天的に、アルコール分解酵素を多く持ち合わせていないようだが、青い目の人たちは違う。彼らからすれば、またまた新種の酒が増えるのは大変な朗報だろう。ネットを通じて「西条は、伏見《ふしみ》（京都府）・灘《なだ》（兵庫県）と並ぶ日本酒の名産地」という情報が定着すれば、それはけっして夢物語ではないはずである。

　現に、ＪＲ西条駅周辺の西条酒蔵通りを訪れる外国人観光客はここ数年、急増している。東広島市を訪れた観光客は２０１４（平成26）年、２７７万２千人で、10年前に比べ18・１％増えている。これまでは宮島と平和記念資料館など広島市内だけにとどまっていた外国人観光客が、西城まで足を延ばし始めているのだ。

たとえば、２０１３年度、駅構内の観光案内所を訪れた外国人観光客は１７８０人で、これは前年度の43％増。通りを案内する東広島ボランティアガイドの会には、月1回のペースで外国人団体客からの予約が入るようになったという。

そこで、市もインバウンド対策に本腰を入れ始め、西条駅前のロータリーには西条酒蔵通りを示す英語表記付きの案内看板を設置、駅構内と酒蔵通りの観光案内所に無料のＷｉ－Ｆｉも設備した。また、酒蔵通りの６カ国語版マップをスマートフォンで見られるようにするとともに、５カ国語対応の観光案内アプリも用意している。

もちろん、日本酒のアピールにも余念がない。２０１６年4月開催の「Ｇ７外相会合」でプレスセンター（ＩＭＣ）が置かれた平和記念公園内の国際会議場には、「東広島」と大きく書かれた酒樽が展示されていた。

ただ、ひと口に「広島の酒」といっても、西条だけではない。竹原や呉にも〝通《つう》〟の間でよく知られる蔵元、銘柄がけっこうある。南は瀬戸内海、北は中国山地という地勢により、季節ごとの気温の差も大きい。そのため、同じ「広島の酒」でも、甘口から辛口、淡麗から濃醇まで多彩な味わいがあることも知っておくとよさそうだ。体質的に酒に強い欧米人のほうがそのあたりにも敏感だろうから、インバウンドを増やすツールになる可能性は十分にある。

広告・宣伝の力

初めての試みもためらわず、お金も糸目をつけない

あと一歩、「おしい！」精神から抜け出よ

筆者が『広島学』を上梓してしばらく経ったころ、「広島県」のコマーシャルに大きな注目が集まったことがある。

昨今はどこの地方（県市町村）でも、〝慢性疾患〟のようなレベルにおちいってしまった感のある経済の落ち込みから脱し、少しでも活性化を図ろうと、必死で知恵を絞っている。香川県が「うどん県」とみずから名乗り注目を集めたのもその一例。また、熊本県のゆるキャラ「くまもん」があちこちのイベントで引っ張りだこになるなど、すっかり〝全国区〟的な存在になったのも、そうした流れの中にあるできごとだろう。

そんなときに広島県が打ち上げたのが「おしい！広島県」である。これは県が2012年3月から始めた観光プロモーションのキャッチコピーで、「おしいは、おいしいの一歩手前」ということだそうだ。毒舌で知られる熊野町出身のお笑い芸人・有吉弘行を観光大

使に起用し、特設ウェブサイトでは、県内の観光スポットやグルメなどを「おしい！名鑑」と名づけてアピールしている。

「おしい！　広島県」とは、こういうことのようだ。広島県は魅力ある観光資源が豊富にあるにもかかわらず、全国的にあまり知られていないのがなんとも「おしい！」と。

たとえば、レモンの生産量では広島県が日本一（シェア57％）なのに、それを知らない人がほとんどというのはおしい！

お好み焼き屋の店舗数が日本一多いのに、注文のとき「広島風お好み焼き」と言われてしまうのはおしい！

有吉の出身地・熊野町の熊野筆は、国民栄誉賞の副賞としてなでしこジャパンに贈られたことで話題になり、日本ばかりか世界でも高い評価を受けているのに、熊野町が広島県にあることは知られていない。これもおしい！

「日本三大銘醸地は？」と聞かれ、灘、伏見は思い出せても、西条までは思い出してもらえない……。おしい！

また、いささか些末なことだが、プロ野球のトランペット応援やラッキー7のジェット風船は広島が発祥なのに、多くの人は阪神がオリジナルと思っている。これはおしい！

そうした「おしい！」現実がほかにも多々あるようで、それではもったいなかろうと、県の観光当局がいろいろ知恵を絞って考え出した企画である。

それを打ち出すための仕掛けもいろいろと工夫したかいがあり、このことが全国のメディアでも大きく取り上げられた。プロモーションツールの一つ『おしい！　広島県　THE MOVIE』は、観光映像大賞（観光庁長官賞）も受賞しているほどである。

翌15年、さらに16年と、工夫とアイデアにあふれたプロモーションを展開したおかげもあってか、広島県への観光入れ込み客数はここのところ増加の一途をたどっている。

だが、こうした「広告・宣伝」はもともと広島県人にとってはお手のもの。その伝統はまさしく広島人が築いたものなのである。ただ、当の広島県人がそれを忘れてしまっているのが、それこそ「おしい！」。

広島人らしい広告手法

たとえば、「勉強しまっせ、引っ越しのサカイー（ほんまかいな　そうかいな）」というCMソングで大ブレークしたサカイ引越センター。同社はその名のとおり大阪府堺市に本社がある。俳優の徳井優《とくいゆう》が歌ったこのCMソングも、関西弁丸出しだ。

だが、創業したのは広島県出身の女性・田島治子である。田島は瀬戸田町（現尾道市）で幼稚園の保母をしていたが、大阪市で小さな運送会社を経営する田島家の長男・憲一郎と結婚し、故郷を離れた。1962年のことである。

先の歌がテレビに流れ始めたのはもう30年近く前（1989年）のことだが、いまだに曲も詞も記憶に残っている。単純明快というか、あまりにあっけらかんとした印象だが、テレビCMというのはそういうものなのだろう。

1993年から流れた「エレベーター篇」は、出演していた徳井と華《はな》ゆりの二人がフジサンケイグループ広告大賞（タレント賞）を受賞している。そのあとの「日本舞踊篇」＝「サカイー、安いー、仕事キッチリ」も強いインパクトを与えた。

1971年、夫の憲一郎が父親と意見が合わず飛び出して独立、堺市に拠点を構えた。しかし、それでなくても新規参入が難しい一般運送業の経営は大変だったようだ。

ただ、堺市ではこの年から泉北《せんぼく》ニュータウンの開発が始まった。そこで、入居者の引っ越しを手伝うスタイルのビジネスなら成り立つのではないかと思いつく。引っ越しは季節によって波があるので、業界では片手間の仕事とされていた。それでも、背に腹は代えられず、二人は「引っ越し手伝います」という看板を作り、そこかしこの電柱に縛りつけて歩いたという。これがズバリ的中し、ニュータウンへの引っ越し需要を次々と受注、あっという間に業績を伸ばしていった。

1990年に社名を現在の「サカイ引越センター」に改め、96年には業界初の上場（大証2部）を果たした。現在は東証、大証ともに1部上場している。

田島はこの業界で、アートコーポレーション（本社大阪府大東市）の寺田千代乃と並んで二大女性社長と言われていた。引っ越し専業という業態が田島のアイデアだったかどうかは議論の分かれるところだが、事業をスタートさせたのは田島のほうが早いというのが定説になっているようである。

田島が引っ越し専業の運送業をスタートさせる四半世紀ほど前のこと。これまたいかにも広島県人らしい手法の宣伝広告をおこなった男がいる。『広島学』でも触れたが、1920年から殺虫剤フマキラーを製造販売していた大下《おおしも》回春堂の二代目社長・大下俊春である。

大下は当時、誕生して間もない広島カープの取締役をしていた関係で、そのユニフォームの袖に「フマキラー」の商標を、また帽子の「C」の中央部に片仮名の「フ」を入れさせたのである。

創設3年目、1952年のユニフォーム（ホーム用）には、複雑な、しかもかなり大きめの商標が縫い込まれている。翌53年はビジター用にもう少し単純化したものが使われた。

いまでこそ、袖のスペースを利用してのCMは当たり前のことだが、この当時、こうしたことを考えついた者はだれもいなかった。入れるにしても、せいぜいチーム名、あるいは親会社の名前、またフランチャイズの都市名くらいであった。それをスポンサリングしているというだけで、商品名を入れてしまうとは……。

カープでは2005年から「MAZDA」のロゴが入っているが、それまで半世紀以上は球団のロゴだけであった。他球団を見ても、1979年に西武ライオンズが西武デパートのロゴをつけたが、これは同じ系列だから、さほど違和感はない。球団経営や球団名と無関係の素材が袖に使われたのは、2002年、近鉄バファローズが消費者金融大手のアコムのロゴを入れたことがあるくらいだ。

本格的商品広告の先駆けは「森下仁丹」

ほかにもユニークな広告・宣伝はさまざまあったかもしれないが、日本でその先鞭をつけたのは、明治期から太平洋戦争が始まるころまで活躍した、広島県鞆《とも》（現福山市）出身の森下博というのが定説である。

森下博の名前には首をかしげても、「森下仁丹《じんたん》」といえば、知らない人はいないだろう。いまの若い世代には、「仁丹」を口にしたことなどないという人のほうが多いかもしれないが、名前くらいは聞いたことがあるはずだ。その「仁丹」の宣伝で、森下は日本の広告王」と呼ばれた。

商業広告の常識を打ち破った「森下仁丹」の広告。

そこで、森下仁丹の公式ホームページにある「歴史博物館」の内容を参考にしながら、その生涯と「仁丹」の歴史、また広告・宣伝の具体例を追ってみよう。

1869年、鞆の沼名前《ぬなくま》神社の宮司の家に生まれた森下は、父親がタバコの製造販売に転業したため、学校を辞めさせられタバコ商の見習奉公に出される。

森下はのちに、奉公した先の近所に住んでいた学校の先生にこのとき勧められて読んだ福澤諭吉の『學問ノスヽメ』がその後の人生に大きな影響を与えたと振り返っている。

だが、ここで早くも、森下の父親に「広島」が見て取れまいか。神社の宮司とタバコの製造販売というのはいかにも結びつきにくい。いまほどタバコが社会から敵視されていたわけではないが、それにしても……という気がするのだ。

当時の日本はまだ刻みタバコが主で、煙管《きせる》に葉を詰めて吸うスタイルがほとんどだった。一方、西欧ではすでに紙巻タバコの時代に入っており、それを口にするのはハイカラの象徴であった。

そうした中、薩摩（現鹿児島県）出身の岩谷松平《いわやまつへい》は東京・銀座に「薩摩屋」を開き、故郷の特産品の一つとして、国分《こくぶ》の刻みタバコを「薩摩煙草」として販売していた。そして1884年、「天狗たばこ」という名で紙巻タバコの販売を始める。

詳しくは拙著『鹿児島学』に記したが、岩谷は、〝大安売の大隊長〟と名乗り、軍服を模した真っ赤な衣装に身を包んで街を練り歩きながら宣伝に努めた。また、引札《ひきふだ》（広告チラシ）、看板、新聞広告などありとあらゆる手段を駆使しながら、紙巻タバコの普及を図った。

それが功を奏してか、1880年代後半に入ると、第3回内国勧業博覧会で岩谷の出品した紙巻タバコが有功賞三等を獲得。さらに、宮内庁から恩賜《おんし》（天皇から賜ったもの）タバコの製造を委託されるなど、紙巻たばこ「天狗たばこ」の名は広く知れわたるようになったのだ。

森下の父親がタバコの製造販売に転じたのは1878年ごろ。岩谷による空前の「紙巻タバコ」キャンペーンが始まったのは、その6、7年後である。

父親を亡くした森下がひとり大阪に出たのは1883年、15歳のときだった。この時代、中学生くらいの年齢で親もとを離れるのはけっして珍しいことではなかった。

心斎橋《しんさいばし》の舶来小間物問屋に丁稚《でっち》奉公に入り、そこで10年間勤め上げる。主人から別家《べっけ》（商家の奉公人が主人から許されて独立すること）を許されて結婚、１８９３年、24歳のときに淡路町《あわじまち》（大阪市中央区）に念願の薬種商「森下南陽堂」を興した。

妻と従業員2人の小さな店だったが、志は大きく、「原料の精選を生命とし、優良品の製造販売」「進みては、外貨の獲得を実現し」「広告による薫化益世《くんかえきせい》を使命とする」という経営方針を掲げる。

奉公の間、森下が岩谷のすさまじいまでの紙巻タバコ販売キャンペーンの話を聞いたのは十分想像がつく。もちろん、尊敬する福澤諭吉が説いていた新聞広告の重要性も頭に深く刻まれてはいただろう。そして、それを余すところなく実証する格好の例として岩谷の大成功を受け止めたのではないだろうか。

時代を読み取る「広島的嗅覚」

この時代の日本では、広告を出すような会社は商品に自信がないからだという受け止め方が一般的だった。だから、岩谷の大々的な「紙巻タバコ」販売促進キャンペーンもあちこちから批判を浴びた。だが、岩谷はそれには一切耳を傾けず、次々と斬新なアイデアによる広告・宣伝を展開し、1901年の長者番付では全国ナンバーワンになっている。

そうした中、森下はさまざま苦労を重ねながら、1900年、梅毒薬「毒滅《どくめつ》」を売り出す（それにしても、すさまじい商品名ではある）。

商標に用いたのは、その2年前に没したドイツの首相ビスマルクである。小国プロイセン（普魯西）を軍事力で統一し、大国ドイツに押し上げた「鉄血宰相」ビスマルクは、日本でも多くの政治家から尊敬されていたこともあり、知名度が高かったようだ。

森下は「梅毒薬の新発見、ビ公は知略絶世の名相、毒滅は駆黴《くばい》（黴毒を駆除するの意）唯一の神薬」というコピーを作り、日本で初めて全国の日刊紙に全面広告を出す。また、全国の大都市の街角に据えられていた掲示板にポスターを貼るなど、当時としては考えもつかないような宣伝を展開し大きな成果を収めた。

おもしろいのは、ビスマルクをCMキャラに採用していることだ。ビスマルクはそれまでヨーロッパにおいてすべての面で遅れていたプロイセンの首相として、1867年の普《ふ》墺《おう》（対オーストリア）戦争、71年の普仏戦争と、大国との戦争に勝利してドイツを統一、イギリス・フランス等の先進国と肩を並べるほどの強国に引っ張り上げていった。その才覚・手腕が、ほぼ同じような環境に置かれていた日本の政治家にアピールしていたのは事実である。

だが、それはしょせん政治の世界の話であって、梅毒を癒す薬とどこでどう結びつくのか、なかなか理解しづらい。考えられるとしたら、どんな強い敵にも屈しないその政治手腕を、同じく当時の日本人にとって厄介な強敵だった梅毒になぞらえた……といったことである。

「毒滅」の発売からしばらくのち、日本はロシアとの戦争（1904～05年）に勝利し、世界中を驚かせる。それにより、〝強国何するものぞ〟といった意識が日本中に広まっていったのは間違いない。

その日本とドイツ、そしてその象徴的な存在であるビスマルクとが重なり合い、売れ行きをさらに加速させたように思える。森下にとってはまさに、ビスマルクさまさまということになったわけだが、そこには言葉にし難い国際感覚、社会感覚、また一般人の意識のありように対する嗅覚のようなものが働いたのだろう。

その後、以前から着目していた家庭保健薬の研究を進め、表面を赤いベンガラ（のちに銀箔に変更）でコーティングした大衆薬「仁丹」を売り出したのが1905年である。このときの広告宣伝も衝撃的であった。

商品のネーミングは、儒教で最高の徳とされる「仁儀礼智信」の「仁」と、台湾で丸薬に使われていた「丹」の文字を組み合わせたものだったし、トレードマークも、「毒滅」

で使ったビスマルクをデフォルメし、人々に親しまれていた大礼服を着せた姿にしたのだ。当時の売り上げの3分の1を宣伝費に投資したといわれ、新聞や街の琺瑯《ほうろう》看板、薬店には突き出し看板やのぼり、自動販売機などを設置するなど、いま流に言うならマルチメディアを活用した大々的なキャンペーンだった。

トレードマークの大礼服は当時の薬局の目印になったほど。また電柱広告にも目を着け、町名表示と広告を合体させた看板を作ったり、鉄道の沿線に野立《のだて》看板を設置したりなどということもしている。

東京・浅草や大阪駅前に建てた大イルミネーション・仁丹塔は、いずれも新しい名所となった。こうした宣伝が功を奏し、全国津々浦々にその名が浸透した「仁丹」は、発売わずか2年ですべての売薬の中で第1位の売上高を達成、莫大な利益をあげたのである。

さらに、1907年には中国をはじめ、東南アジア、インド、南北アメリカ、アフリカにも進出している。これもまた、広島県人お得意のパターンである。狭い日本にはけっして満足しない習性があるのだ。

また、1914年から始めた「金言広告」は一世を風靡し、各方面から称賛された。「天は自ら助くる者を助く」「時を空費するは無情の奢侈《しゃし》なり」など古今東西の格言を、新聞広告、電柱、看板、紙容器などに入れたのである。

また、世の一般常識を短くまとめた「昭和の常識」という広告も手がけたりしている。広告は商売の柱、商品を買ってもらうための一手段であるのはもちろんだが、だからといってそれだけに偏していればいいわけではない。人々の暮らしに、また広く社会に役立つものでなくてはならないという「広告益世」の考えを強く持っていたからだ。

その後も「仁丹」は売れ続け、１９３６年からは社名もそれに変更している。太平洋戦争が終わってからも、森下の精神を受け継いだ仁丹は、50年1月、戦後初めて新聞に全面広告を打ち、翌51年に始まったばかりのラジオ（名古屋の中部日本放送、大阪の新日本放送（現毎日放送）など）にも注目、多くの番組のスポンサーとなった。

もちろん、１９５３年8月からスタートした民放テレビの番組にも広告を出稿している。当時人気のコーラスグループ「ダークダックス」が歌った「ジンジンジンジンタンジンタカタッタッター」というＣＭソングを覚えている人も多いのでは。

こうしてみると、森下博なる人物が、脇目も振らずに時代の先頭を走り続けてきたことがよくわかる。しかも、ただ突っ走るだけではなく、その時代ごとに社会全体、また人々の暮らしぶりへの目配りを忘れていないことに驚く。

もちろん、森下個人のキャラクターやセンスによる部分が多くを占めているが、そうした人物を生み出す広島の風土も忘れてはならない。

グローバルな力
いいものはガンガン取り入れて広島の色に染める

東西を結ぶ交易港・鞆が生んだもの

かつての広島、安芸・備後両国には西国《さいごく》街道が走り、瀬戸内海を走る航路もあった。そのためこの一帯は陸と海の双方を、さまざまな国の人たちが行き来していた。人との出会い、あるいは他国の風物などと接触を重ねていくうち、かの地の人々の視野はおのずと広くなっていった。そうした中で、出会いや接触がもっとも多かったのではと思われるのが備後の鞆《とも》である。

鞆《とも》は1956年に福山市に編入されたが、かつては一つの町であった。位置的には、沼《ぬま》隈《くま》半島の南東端、燧灘《ひうちなだ》に面している。港が漢字の巴《ともえ》に似た形をしていたため巴津とも呼ばれ、それが「鞆」という地名の由来でもある。

瀬戸内海は、全体が潮の流れる巨大な川に例えることができる。しかも、東と西ではその流れが逆転する。狭い海域に多くの島々が複雑に入り組み、同じ場所でも時間帯によって水が異なる動きをするからだ。

父親の実家が代々鞆で船宿をしていたという盲目の音楽家・宮城道雄は、尾道から鞆まで船で移動しているとき、同情した恩師が「此処は『口無《くちなし》の瀬戸』と云って、どちらへ出て行ってよいか出口が分らない」と語ったことを記している（千葉潤之介編『新編 春の海 宮城道雄随筆集』）。「口無の瀬戸」とは、阿伏兎《あぶと》岬と（向かい側の）田島の間にある、幅約500メートル、長さ約1キロの水道のことで、満潮時には南へ、干潮時には北へ向かう強い潮流を生ずる難所だった。船を操る水主《かこ》も、相当熟練していないとも簡単に舵を取られてしまい、へたをすると船ごと持っていかれる恐れがあった。

その瀬戸内海、西の豊後《ぶんご》水道、関門《かんもん》海峡から流れ込んでくる潮と、紀伊《きい》水道、鳴門《なると》海峡から流れ込んでくる潮がちょうどぶつかり合うのが鞆の沖あたりになる。

そのため、東西どちらから瀬戸内海に入っていくにしても、鞆の港で潮目が変わるのを待たなければならない。その間、乗組員は陸に上がることになるので、潮待ちの港はどこも皆、大変にぎわった。

8世紀半ばに編纂された『万葉集』にも、この地を詠《よ》んだ歌が八首残されている。上陸したあと、それくらいゆっくりした時間を持つこともできたのだろう。というか、港の近くで長い時間足止めを食わされることも多かったにちがいない。

江戸時代の鞆は数千の人口を擁し、備後福山藩内では福山に次ぐ町で、藩内最大の商業都市であった。鞆で潮待ちをしていたのは、国内の船だけではない。古くは遣唐使や遣新羅《しらぎ》使、近世になってからは北前船《きたまえぶね》、朝鮮通信使や琉球からの使節を乗せた船も入港・停泊していた。

港というのは、文化・文明が入ってくるところであると同時にそこから内陸に向けて広がっていく場所である。

「港湾既に人類の集合する所たり、貨物の輻輳《ふくそう》所たり。是れ売買取引に都合好《よ》き所。乃《すなわ》ち港湾の沿岸は商業の繁昌する所。従つて大都府の発達する所、従つて又た富の集中する所たり。〈略〉

人類の多く集会する所、殊《こと》に海外の文化に接触する機会に富む所、是れ文化の起発する所たり。是に於てか港湾は其国、其地方の文化の輸入地にして又た起発点たるなり。かくて文化は之れより輻斜状に内地に伝播《でんぱ》す。されば港湾に対する距離の遠近、関係の疎密《そみつ》を以て其地方の文化の程度の大概《おおむね》を卜《ぼく》するを得べし。半島が文化の起発点たることも、島嶼《とうしょ》が文化の大成点たることも、畢竟《ひっきょう》港湾の異種の文化を迎ふるあればのみ。〈略〉」（牧口常三郎『人生地理学（上）』）

港というのは人や物が多く集まるところなので、商取引が盛んである。都会が生まれるとともに富も集中しやすい。

また、多くの人、とくに外国人と接する機会の多いところは文化の電源地となる。港は、外から文化が入り、それが周囲に広がっていく場所でもある。港とどのくらい離れているかによって、その地域の文化水準は推し量ることができる。

半島や島の文化水準が高いのも、港に近く海外の文化が伝わってきやすいからだ。港から半島へ、そこからさらに内陸へ、あるいは周辺の島々へという経路をたどりながら、文化・文明は拡散していくのである。

鎖国令が敷かれる前は、長崎や平戸《ひらど》に置かれていたイギリスまたオランダの商館からやってきた紅毛碧眼《こうもうへきがん》の外国人も出入りしており、鞆は瀬戸内海では唯一と言っていい国際都市でもあった。外国人と出会えばその生活習慣や文化とも接するわけで、それが人々の感覚にもさまざまな影響を及ぼしたにちがいない。

1616年、イギリス商館の館長リチャード・コックスが、シャム（現タイ）国王から受注した鉄6万斤《きん》を購入するため、平戸からこの地を訪れたことがある（最終的には1万2千斤を購入）。鞆にはイギリス商館の指定船宿があったらしい。

たしかに、中世のころから、鞆のすぐ北を流れる芦田川《あしだ》の流域では、中国山地の砂鉄を原料とした刀が作られており、刀鍛冶も数多くいた。そのため鉄は容易に手に入れることができたのだろう。また、明との勘合《かんごう》貿易でも、鞆から大量の刀剣類が輸出されている。ただ、17世紀も半ばを過ぎ、国内での合戦が激減すると、それまで刀などの武器を作っていた刀鍛冶は転業を余儀なくされ、船具（錨《いかり》や舟釘）を作るようになった。「鞆の錨」は定評があり、錨の生産量では、広島藩の尾道と合わせて全国の90％以上を占めていたという。

江戸時代後期に入ると、航海技術の進歩や陸上交通へのアクセスに不便があったため、港湾拠点としての役割は尾道に移っていったが、福山藩内では以後もなお最大の港として機能していた。

「いいものは残す」も広島精神

港にはまた、次のような特徴もある。

「〈略〉運命を全く天に任せ、陸上に於て平時に得らるべき便利と快楽とを全く抛棄《ほうき》して忍耐したる舟人及び船客の苦痛は、港に入るに及んで恰《あたか》も嬰児《えいじ》か母懐《ぼかい》に於けるが如く、風波の収まると共に全く一掃せらる。是《ここ》に於てか彼等は競ひて上陸し、新鮮なる蔬菜《そさい》と、一《いっ》灑《さい》の沐浴《もくよく》とに従来の疲労を一掃せんとするが如くに其他の快楽をも一時に需《もと》め、曩《さき》の苦痛と危険とを償却せんとす。かゝれは港は金銭流通の頻繁なる所、金使ヒの荒き所、従って動《やや》もすれば風俗の頽敗《たいはい》する所、黴毒《ばいどく》の蔓延する所、人情の軽薄なる所となる。而も同時に港は人情の快濶《かいかつ》なる所、而して総ての生活の活潑《かっぱつ》なる所〈略〉」（同）。

運を天に任せるばかりで、陸の上にいれば容易に味わえる便利さや快楽を我慢することでもたらされる苦痛も、港に着けば、赤ん坊が母親のふところに抱かれときと同じように、すべて消え去ってしまう。船乗りが一刻も早く上陸し、新鮮な食べ物を口にし、ゆっくりお湯につかりたいと思うのは、そうした疲れを忘れられるからで、ひとときの快楽を求めるのも、そうした苦痛を癒したいがためにほかならない。

そのため、港のあるところはお金の動きが活発な一方で、人情味に乏しくなりがちである。ややもすると風俗が乱れがちで、性病が蔓延するきらいもある。ただ、それと同時に、だれもが快活になり、生活も生き生きとしてくるのも港なのだ。

鞆でも、こうした特徴がその後長らく息づいていたにちがいない。ちなみに、ここで出てくる「黴毒」とは、のちに森下博が撲滅しようとした「梅毒」である。

また、鞆は風光明媚の地としても知られていた。なかでも、鞆の浦と呼ばれる一帯は、宮崎駿《はやお》の『崖の上のポニョ』（２００８年）のモデルにもなった場所で、近ごろは中国、台湾、香港をはじめ、世界各国からジブリファンが足を運んでいる。

１７１１年、この地を訪れた朝鮮通信使の一行は、宿舎として用いられた福禅《ふくぜん》寺の客殿

（のちに朝鮮通信使が「對潮樓《たいちょうろう》」と命名）座敷から、海と山から成る美しい景色を見て、「日東第一形勝（日本でいちばん美しい景勝の地）」と絶賛している。

鞆から連絡船に乗って5分ほど行くと、仙酔島《せんすいじま》という島がある。名前のとおり、天上を舞う仙人がその美しさに酔いしれたというほど美しい景観を持つこの島は瀬戸内海を代表する景勝地として知られ、1925年に国の名勝にも指定された。仙酔島は、日本で最初の国立公園である瀬戸内海国立公園の切手にも描かれている。

鞆の町はいまでも、江戸時代中期以降に描かれた町絵図と現代の地図がほぼ一致するほど、古い町並みがほぼ残されている。昔の姿をそのままとどめた建物も少なくない。

また港には、常夜灯・雁木《がんぎ》（道路から海岸に降りるため、棒などを埋めて作った階段。船着き場や桟橋に設けられる）・波止《はと》（陸地から海中へ細長く突き出した構築物。波を防いだり荷物の積み降ろしに用いる。防波堤）・焚場《たでば》（船底についた貝殻や海草をはがして乾燥させるため、船底を焼くのに使う船台）跡・船番所跡の五つがそっくり当時のまま残っている。この五つがそろっているのは全国でも鞆だけである。

また鞆の浦は、宮城道雄が世界的な名作『春の海』を作曲するにあたり、そのヒントを得たともされる。

「『春の海』は昭和5年に『海辺の巌《いわお》』という勅題が出たので、それに因《ちな》んで作曲したものである。大体の気分は、私が瀬戸内海を旅行した際に、瀬戸内海の島々の綺麗《きれい》な感じ、それを描いたもので、〈略〉長閑《のどか》な波の音とか、船の艪《ろ》を漕ぐ音とか、また鳥の声というようなものをおり込んだ。曲の途中で少しテンポが速くなる所は、船唄を歌いながら、艪を勇ましく漕ぐというような感じを出したものである」（千葉潤之介編『新編　春の海　宮城道雄随筆集』）

これは余談だが、この随筆集の中で、子どものころ祖母からよく話を聞かされていたという「祇園さん」にお参りしたときの話が出てくる。この「祇園さん」とは、森下博の父親が宮司をしていた沼名前《ぬなくま》神社である。時代を越えてはいるものの、不思議なつながりではある。

広島人が受け継ぐグローバルな発想の源

ある地に生まれ育った人たちに大きな影響を及ぼすのは、ほかの場所に暮らす人たちとどれほど多くの接点があるかである。

広島市の場合、それでなくとも、修学旅行で訪れる学校が多い。ただし、小学生・中学生・高校生だから、地元の人たちもそうそう深いコミュニケーションができるわけではない。むしろ、訪れた側がほぼ一方的に、さまざまな「広島」を見聞きすることで、多くのことを吸収して帰っていくというパターンがほとんどだろう。

広島の場合、宮島（厳島神社）と原爆ドームという、二つの世界遺産があるから、もともと海外から訪れてくる人の数は多かった。

その外国人観光客が、ここのところ幾何級数的に増えている。私事で恐縮だが、筆者がここ数年、月にほぼ2回のペースで訪れている浅草など、日本人より多いのではないかという印象すら受ける。

以前は夏休みシーズンなど、期間が限られていたが、いまはもう1年中、いつ行っても大変なにぎわいである。記念撮影のスポットともなると、順番待ちの人が群れを成しており、相当の待ち時間を覚悟する必要があるのではないか。

当然、受け入れる日本人の側も、それに対応しなくてはならない。土産物屋の店主や店員も、最近は外国人観光客と対等に口をきいているようだ。

5、6年前はお客の数もそれほどではなく、たどたどしい英語、というかごく片言くらいしかできなかった人力車のドライバーも、いまではもうペラペラ。なかには、中国語と韓国語の両方を操る者まで目にする。必要は発明の母というが、浅草には、若い人から80歳近い後期高齢者まで、年齢・性別を問わず、英語使いがいっぱいいるといった印象だ。

それに比べると、かなり以前から外国人がコンスタントに訪れている広島では、むしろそ

瀬戸内海を代表する景勝地・鞆の力。

うした変化を感じ取りにくいかもしれない。

だが、国内からだけでなく、海外から人を迎えることが、その地の人たちの意識や考え方を、さらには生活様式までも大きく変えるきっかけになるのは間違いなさそうである。ただ、広島市民がそれによって強烈な影響を受けたという印象はあまりない。

だが、鞆は違った。いまは広島県だが、かつては備後という別の国（藩）だったこともある。安芸広島藩のほうは備後に比べ、海外、とくに西欧との接触度合という点では後塵を拝していた。

大崎下島《しもじま》や下蒲刈島《しもかまがりじま》も同じように潮待ち、風待ちの港として栄えたものの、そこで接点のあった「外国」といえば朝鮮通信使くらいである。

江戸時代は鎖国の影響もあって、全国ほとんどの人が〝井の中のカワズ〟状態に置かれていた。そうした中、外からやってくる人の存在は非常に刺激的に受け止められたはずだ。同じ日本の中でさえそうなのだから、海外となればその刺激の強さは並々ならぬものがある。

　江戸時代、海外に向けて窓を開けていたのは長崎や平戸だけだが、それ以外にも、大坂や堺には海外からの使節や商人がよく姿をあらわしていたし、そうした人たちと接することで受ける刺激はハンパではないだろう。ましてや、それが海外からの賓客となれば、想像に余りあるものがある。そして、そうした人たちが鞆にもひんぱんに出入りしていたのである。

　その地に代々暮らしていた先祖の地を引く森下博や宮城道雄が、その遺伝子にグローバルな発想、あるいは時代を突き抜ける感覚を胚胎《はいたい》していたとしても不思議ではない。もちろん、それが表に出てくるかどうかは、どんな時代に、またどんな場所で生きるか、どんな人と出会い、どんな仕事にたずさわるか等の条件しだいだろう。そうだとしても、鞆という歴史の長い港町の存在を忘れるわけにはいかない。

「広島の力」を探るヒント

第四章

広島人はなぜ、地元愛にこだわりすぎるのか

まな板の鯉。鯉は捕まると激しく抵抗するが、捕えられまな板に乗せられてしまえばジタバタせず、あとは包丁人のさばきを待つだけ。何かをしでかして処分を受けるとき、悪あがきはしないことのたとえに使われる。その昔、広島の鯉(＝ｃａｒｐ)にもそんなところがあった。

だが広島県人は、こうしたあきらめとは一切無縁である。何がなんでも生き延びようと、激しくのたうちまわる。そこまでやらなくても……と周囲の人が思ったとしても、あくまで抵抗する。

西日本の特徴は「あっさりしている」「執着しない」点にある。だとすれば、さぞかしあきらめも早いのではないかと想像したくなる。ところがどっこい、そんな悠長なことを言ってはいられない事情が広島にはあった。追い込まれたからといって簡単にあきらめていては、生き延びていくことができなかったからだ。

瀬戸内海・「魚」の力
高級魚よりも新鮮でおいしい

広島の冬はやっぱりカキ！

２０１６年４月10日、Ｇ７外相会合が広島で開催された。その際、出席した７カ国の外相はじめスタッフ全員が出席しての船上カクテルパーティーがあったのだが、これには出席者一同、感激したという。

会場は、広島市の海運会社・瀬戸内海汽船が運航する「銀河」。広島市・呉市と松山市の間を結ぶ高速船やフェリーを運航している会社だが、この「銀河」を使ったディナークルーズ、ランチクルーズはたいそうな人気で、週末ともなると、予約を取るのが大変なくらい、にぎわいを見せる。

船上で口にする食事のおいしさ、そして陸地の景色が昼も夜も素晴らしいのだ。ライトアップされた宮島をその沖合から見ると、だれもが息を飲む。こうした観光商品が成り立つのも、瀬戸内海のサイズがコンパクトだからである。

ただ、クルージングの航路のそちこちに多種多様な魚や貝が棲息していることなど、一般の乗客はおそらく意識していないだろう。

「広島の力」のなかでも、もっともわかりやすい魚たち――。それはすべて、広島近くの海で獲れる。どこか遠い遠洋のものではないのだ。逆に言うと、どの魚も新鮮だということになる。

昔の、といっても明治時代前半のころまでだが、日本人は水産物からしかタンパク質を摂る手段がなかった。農産物では豆腐と納豆くらいである。海と接していない地域や大きな川のないところに暮らす人々は、栄養のバランスを取るのが大変だったにちがいない。

そこへいくと、広島の人たちは恵まれていたと言える。何せ、すぐ近くまで山が迫ってくるほど平地が少なかったのだから、頼りは目の前にある瀬戸内海だけ。しかし、そこでは、ほかの地域の人からすれば、ヨダレが出るほど豊富な水産物が獲れた。

いまでこそ、ブランド魚などというぜいたくなしろものまであるが、かつては生きていくために欠かすことのできない魚であり貝でしかなかった。しかし、一年中途切れることなくそれを口にすることができるとあれば、人々の体も丈夫になるし、心も満たされる。

タンパク質は、いまさら言うまでもないが、人間が生きていく上でいちばん大切な栄養素だ。人間の体自体がほとんどタンパク質でできているのだから、当然といえば当然であ

「広島カキ」はブランドを守るため厳しい出荷基準をクリアしたカキだけが流通。（写真提供　江田島市、山岡水産）

る。それがさほど苦労なく手に入れることができる広島県人が、さまざまな分野で強い生命力を発揮し続けているのは、むしろ当然のことだろう。

それにつけても「ＣＡＲＰ＝鯉」とはよくぞ名づけたものである。滝を登って龍になるという強烈なガッツの象徴であると同時に、鯉は魚でもある。

昔から広島カープを応援している筋金入りのファンも、ファン歴のまだ短い新参者も、鯉に代表される水産物のお世話になっているのだから、広島の人たちと付き合うには、他県民も水産物でがっちり栄養を確保しておく必要がある。そうでないと、そのパワー、勢いにたちまち飲み込まれてしまうからだ。

そんな広島の数ある水産物の中でも、「名産」という言葉にふさわしいのは、やはりカキである。身が肉厚でプリプリした食感と濃厚な甘みが特徴という広島のカキは、「県の魚」にもなっているほどだから、人々とのつながりは長く、また深い。カキを魚というくくりで扱っていいのかという疑問もあるが、まあ、海に棲《す》んでいるのは間違いないのでOKとしよう。

　それはともかく、広島県の養殖カキの生産量は全国1位で、2014年の全国の総生産量（18万3685トン）のうち11万6672トン、つまり63・5％を占めている。2位の宮城県の5倍以上である。

　出荷は毎年10月〜翌年5月までだが、旬は12月から年明けの1、2月にかけて。この時期はカキの体内に、おいしさの源でもあるグリコーゲンが大量に蓄えられているので、生で食するなら、広島産のレモンをかけるだけでOKだという。

　広島のカキがおいしいと言われるのは、次のような理由がある。

　第一に、多くの川が中国山地から流れ込む広島湾は水がきれいで、島や岬に囲まれているため、カキのエサとなるプランクトンが豊富。また、年間の水温変化もカキの成長リズムに合致しているという。

　二つ目は、室町時代から続く養殖技術・ブランドを守るため、厳しい出荷基準をクリアしたカキだけが流通している。

　そして三つ目は、「海のミルク」とも呼ばれるほど、タンパク質、カルシウム・リン・ナトリウムなどのミネラル類、さらにビタミン類など栄養素が豊富に含まれていること。

最近注目されているのは、カキに多く含まれる亜鉛である。亜鉛は、不足すると子どもの場合、成長障害や鉄欠乏性貧血を招くし、大人は 皮膚炎・脱毛症・味覚障害・インポテンツなどを発症する。子どもや女性には欠かせない栄養分と言っていい。

食べ方は生がベストだというが、ほかにも網焼き、土手鍋、オイル漬け、炊き込みご飯、てんぷら、バター炒め、フライ、竜田揚げなどなどさまざまなバリエーションがある。

網焼きは殻つきのカキを火であぶるだけのシンプルな食べ方。うまみが凝縮され、濃厚な甘みを堪能できる。磯の香りが口の中でふわっと広がり、ふくよかできめのこまかい広島の日本酒との相性は抜群だとか。ついでながら、カキに含まれているタウリンは肝機能をアップさせ、二日酔いも防いでくれるという。

土手鍋は、鍋の内側に味噌を塗りつけ、生カキと野菜を一緒に煮るもの。広島で生まれた冬の郷土料理で、土手のようになった味噌を崩しながら、好みの味に加減しながら食べる。

広島のカキをブランド化したのはカキ船

広島湾で養殖されたカキはよほどおいしかったようで、江戸時代の初めころ、1660年代には「カキ船」といって、秋の終わりごろになると草津（現広島市西区）、仁保《にほ》（同南区）、矢野（同安芸区）などから生のカキを船に積み、瀬戸内海沿岸の各地を売り歩きながら、翌年1〜2月に戻ってくるという商いをおこなっていた。

元禄年間（１６８８〜１７０３）になると、カキ養殖業者たちが40艘近い船団を組んで大坂に出向き、晩秋から春先まで、堀川（天満堀川《てんまぼりがわ》とも）に繋留《けいりゅう》させたまま生カキを売っていた。いま、この川はほとんど埋め立てられてしまい跡形もないが、この季節、大坂の風物詩だったようである。

船内に座敷をしつらえ、料理や酒を提供するようになったのは江戸末期から。土手鍋、カキ飯、酢ガキ、吸い物、からまぶし（カキとおからの和え物）などを楽しめるというので、大坂の食通に大ウケしたようである。明治以降は東京をはじめ全国各地にも進出し、カキといえば広島というイメージができ上がっていった。

このカキ船、広島市内でも、太平洋戦争前から元安川《もとやすがわ》や本川《ほんかわ》で営業していたが、２０１６年現在では、広島市内を流れる元安川に2隻（「かなわ」「かき舟ひろしま」）、呉市の境川《さかいがわ》に1隻（「味の居酒屋かき舟」）、大阪市の旧淀川に1隻（「かき広」）、長野県松本市の松本城のお堀に1隻（「かき船」）を残すのみとなっている。

ほかにも、燻製のような濃厚な味わいが特徴のオイル漬けは、酒のつまみに最適。瓶詰にしたものは土産物としても重宝しそうだ。

カキ飯（炊き込みご飯）は、カキの煮汁でごはんを炊き、最後に、ふっくらと煮つけたカキを盛りつけて食べる。カキを別にして炊くので、プリプリした食感が損なわれないのがありがたい。

フライもおいしいが、てんぷらも捨て難い。サクっとした薄手の衣から姿をあらわすジューシーなカキは、口にしたとたん独特の香りがただよってくる。

それにしても、こんなにおいしいものをしょっちゅう食べられる広島県民はなんとも恵まれていると思うのだが、それだけではない。

ほかにも、広島の冬はノリ、ナマコ、ウシノシタ（シタビラメのこと。ゲンチョウとも）、タマガンゾウビラメ（デベラとも）など、豊富なラインナップがそろっている。

夏はアナゴと小イワシ、それにタコ

夏の広島は、なんと言ってもアナゴである。広島県人はウナギよりアナゴに親近感を抱いているようで、夏場は町を歩くと、「アナゴ」の文字を染め抜いたのぼりや貼り紙が目につく。

山から流れ出る淡水と海水が混ざり合う広島湾一帯は、植物性プランクトンが豊富。それが上質のアナゴを育てるのは、カキとほぼ同じ理屈だ。

もっともポピュラーな食べ方は「あなごめし」。もともとは大野瀬戸（廿日市《はつかいち》市の本土側と宮島の間の水路。連絡船が通っている）で獲れる地アナゴをかば焼きにし、炊きたてのごはんの上に敷き詰めた漁師料理だったらしいが、いまでは広島の郷土料理としてすっかりおなじみになった。

１８９７年、山陽鉄道宮島駅（現ＪＲ宮島口駅）が設けられたとき、「うえの」という業者が「あなごめし（たれと塩を入れて炊き上げたご飯にセリを刻んで混ぜ、その上にかば焼きにしたアナゴをそぎ切りして乗せたもの）」を駅弁として売り出したところ、これが大好評。広島の味として一気に広まったという。

かば焼きではなく、白焼きが好きという人もいる。これもまたひと味違ったおいしさがある。また、味噌汁やしゃぶしゃぶにしてもＯＫ。

アナゴの旬は一般に夏とされているが、抱卵したアナゴが好きな人にとっては冬、それも１月中旬が最高においしいのだそうだ。さっぱりとした味を好む人はやはり夏である。

夏が旬といえば、広島ではタコを忘れてはならない。とくに「やっさタコ」の名で知られる三原のタコは、太く締まったプリプリの身と濃厚なうまみが特徴で、一度食べたらクセになるという。

三原沖の海は、広島県でも小さな島がもっとも多く集まっているエリアである。そのため、水温が一定に保たれやすい。また、岩場が多くカニやエビが多く棲息しているため、タコにとっては絶好のすみかとなる。

しかも、このあたりの海域は潮の流れも速い。タコは岩に張りついていようとする習性があるので、自然に身が締まる。短く太い足を口に入れたときの歯ごたえの心地よさは、ほかではなかなか経験できない。

乱獲を防ぐためもあって、三原では江戸時代から伝わるタコつぼ漁（タコの体に傷がつきにくい）で獲っているので、見た目が美しく味も抜群なのだ。

食べ方もタコ飯、タコ天、湯引き（溶いた和カラシで）、刺身、寿司、煮物、おでん、酢の物、サラダ、たこ焼き、スパゲティーなど多種多彩。食材としても大変に重宝するので、料理店、レストラン、居酒屋など各方面から、文字どおり引っ張りダコである。

夏の広島でもう一つ欠かすことのできない魚がある。それはカタクチイワシで、地元では昔から「小イワシ」の呼び名で親しまれてきた。県内の漁獲量の約70％を占め、県西部の安芸灘と中央部の燧灘《ひうちなだ》で多く獲れる。

6月になると漁が解禁になり、早朝、パッチ網（船びき網）で獲った小イワシは鮮度が抜群。水洗いするとウロコが落ち、イワシ独特の臭みも消える。「7回洗えばタイの味」とも言われるが、実際口にしてみると、それがオーバートークでないと実感する。

身が比較的大きいので、広島では刺身にして食べることが多い。身が引き締まり、しかも脂が乗っている小イワシの刺身を醤油とおろしショウガで口にすると、「夏が来た」と思うと同時に、「広島に生まれてよかった！」と、だれもが喜ぶのだとも。

それほど親しまれている魚なのに、カープの球団名に「サーディンズ（Sardins）」を思い浮かべた人がいなかったのが不思議なくらいだ。

刺身だけではない。てんぷらや生姜煮、梅煮、梅酒煮などにしても食べられるし、いちばん小さな稚魚（しらす）は「チリメン」に加工して食べていた。また、小イワシを塩ゆでして乾燥させた「いりこ（煮干し）」はだし汁に欠かせない。

そのほか、太田川で獲れるアユも、広島の夏の風物詩。スズキ、小エビ（ヨリエビ）、ヨシエビ、テンジクダイ（ネブトメンパチ）など、おいしく食べられる素材には事欠かない。

春の桜ダイと秋のタチウオも捨て難い

春は春で、「桜ダイ」という名物がある。マダイのことだが、春の広島で獲れるタイは体が桜色をしており、しかも桜の咲く時期がいちばんおいしいということでこう呼ばれている。

もともと広島湾の周辺は、多くの山や島に囲まれ、そこから流れ出た栄養分が川を伝って、海へと流れ出てくる。安芸灘、広島湾、備後灘は平均水深が25メートル前後と浅いため、タイの餌となるプランクトンや小エビ、カニ等が豊富に育つ。また、来島《くるしま》海峡など、島々の間では、潮の干満の差により速い流れが生まれるから、そこを泳ぎ回る広島のタイは身がたいそう引き締まっている。

3月に入り瀬戸内海に暖流が流入し始めると海水温が上がり、広島周辺の海で越冬していたタイは産卵のため、内海に入り込んでくる。産卵を控えているため、栄養分がたっぷり蓄えられているのだ。

広島県では昔から、お祝いごとがあるときは「めでタイ」の語呂合わせで、タイを食べる習慣がある。その際、「細く長く続くように」という願いを込めて、「タイ素麺《そうめん》」にすることも少なくない。

そのほかにも、汁物、酢の物、酒蒸し、バラ寿司、炊き込みご飯、佃煮、ワイン蒸しなど、さまざまな料理にして食べることができる。

春は、タイ以外にも、メバル（刺身、塩焼き、煮付け、から揚げ、味噌汁など）、コウイカ、文字どおり「春の魚」と書くサワラ（鰆）がおいしい。

サワラはサバ科の魚で、成長に伴って呼び名が変わる出世魚。広島では、小さいものをサゴシ、大きいものをサワラと呼ぶ。

歯がカミソリのように鋭いのが特徴で、大きなものになると体長120センチほどにまで成長する。4〜6月にかけての時期はとくに脂が乗っており、刺身はもちろん、塩焼きにしても味噌焼きにしても、またバラ寿司にしてもおいしく食べられる。

秋のタチウオ（太刀魚）も捨て難い。

タチウオは、その名のとおり身が長く、しかも銀色に輝いている。名前の由来には二説あり、一つは姿かたちが刀に似ているため、もう一つは垂直に立って泳ぐからというもの。成長するにつれ魚食性が強くなるため、ときには共食いをすることもあるという。広島周辺の漁場は、これまで述べてきたようにいい魚が多いから、それを食べて成長するタチウオも甘みがあり脂がよく乗っているのだ。

1979年ごろから呉の豊島《とよしま》で始まったという「一本釣り」漁法のおかげで、銀白色の表皮にはまったく傷がなく、ピカピカ光っているのが特徴。

秋が旬の魚はほかにも、サバ、キュウセン（ギザミ・ベラ）、カワハギ、コノシロなどがある。カワハギの肝は広島でも珍重されている。

ただ、ここまで書いてきたように、「魚の力」といっても、つまるところは「水の力・川の力」であり「土の力」であり、さらに言うなら「山の力」なのである。瀬戸内海でも、広島県の南側一帯でなぜいい魚が獲れるのかといえば、中国山地の土壌に含まれるミネラルや、木々のもとにたまった落ち葉や腐葉土が川、あるいは地下水の流れに乗って下流まで運ばれ、それが海に流れ込んでいくと、植物性プランクトンがふんだんに育つからである。

自然界の連環といってしまえば話は簡単だが、東隣の岡山県でも、西隣の山口県でも、広島県ほどの量は獲れない。２０１４年の漁業生産量の統計を見ると、広島県が13万８２２４トン、岡山県は２万８千トン弱、山口県は３万トン余にとどまっている。広島県の向かい側・愛媛県の13万７５８１トンさえ上回っているのだ。瀬戸内海を取り囲む県の中で、広島県ほど水産物に恵まれているところはないと言える。

北海道、青森、岩手、宮城、茨城《いばらき》、千葉、静岡、三重、長崎や鹿児島のように大きな外洋に面しているわけでもないのに、これだけの量が獲れるのは、よほど海（水）の質がいいからである。私たちの想像を絶するポテンシャルを秘めた「瀬戸内海」もまた、「広島の力」の土台にあることを忘れてはなるまい。

炭水化物の力

元祖ファーストフードにハマる

広島のソウルフード

「怒らせると怖いのは何県の人？」というランキングで、広島県人が全国で7位に入ったという。

では、どんなことに怒りを感じるのか。別のアンケート調査だが、その筆頭は、「他府県の人がお好み焼きのことを広島焼きというのは許せない」と、なんとも他愛のないことである。

ただ、お好み焼きそのものの発祥は広島でも大阪でもない。意外なことに東京なのである。明治の終わりごろ、東京の駄菓子屋で売られていた「牛天焼き」がそのルーツ。すき焼き（牛鍋）で残った牛肉とこんにゃくを小さく刻み、小麦粉を溶いて薄く焼いたものの上に天かすと一緒に乗せ、二つに折る。そこへ醤油を塗って食べるというスタイルだったらしい。

これが神戸に伝えられ、やや変化したのが「肉天」である。小麦粉を溶いた生地を薄く引き、その上に野菜（キャベツや刻みネギ）や肉を重ねて焼いたもので、こちらはウスターソースを塗って食べた。

大阪ではこれを「洋食焼き」と呼んだそうだが、この当時はソースをかけてさえいればすべて洋食と見なされたから、この名がついたようだ。値段が一枚一銭だったことから、「一銭洋食」とも呼ばれるようになり、それをもとに広島で生まれたのが「お好み焼き」である（『広島学』に詳述）。

このお好み焼きを他県からやってきた人が「広島風」と言って広島県人が怒るのは、まあ納得がいく。ただ、広島県人がほかの県に行き、「二重《にじゅう》焼き」が通じないと言って怒るのはやはりおかしいだろう。全国でも、今川焼き・大判焼きのことを「二重焼き」と呼ぶのは広島県人だけだ。広島県に近い山口県の一部地域でもそう呼ぶことはあるらしいが、9割方は広島ローカルの呼び名と言っていい。

同じものを兵庫県の姫路周辺では「御座候《ござそうろう》」というが、これはもともと、それを作って売っている店の名前であった。関西では一般に「回転焼き」という呼び名で親しまれているが、姫路に生まれたこの店が１９５５年から「御座候」という名前で売り出したため、それが広まったようである。

ほかにも、「太鼓焼き」だの「甘太郎《あまたろう》焼き」だの、県や地域・地方によってこれほど名前が変わるものも珍しいかもしれない。

お好み焼きとともに、広島県人の食生活で欠かせないのがおにぎりで、広島では「むすびむさし」が有名。マツダスタジアムにも出店しており、限定メニューもある。「これを食べるとほっとする」と、広島に帰ってきた人が言うくらいだから、やはりソウルフードの一つなのかもしれない。

お好み焼き、二重焼き、おにぎりとくれば、あとは麺類である。こちらは「ちから」という、1935年開業の老舗がよく知られている。立ち食い系で、うどん、ソバのメニューが多種多彩。ただ、昔からおはぎも売っているせいか赤飯にぎりがある。

もう一つ、近ごろ注目されている広島独自のメニューが汁なし担々麺である。文字どおり、汁（スープ）がついてない担々麺で、一度食べるとクセになるという。

担々麺の本場・中国四川省では、汁のないものが普通なのだとか。担々麺の「担々」は「担《かつ》ぐ」という意味で、四川省では担いで売り歩いているのを買い求めるそうである。

広島では10年以上前から専門店が増え始め、いまでは市内に30以上もの店がある。唐辛子に山椒《さんしょ》や花椒《ホアジョ》（中国産の山椒）が加わるので、独特の辛みが味わえる。そぼろや青ネギを加えたり、トッピングに温泉卵などを用意している店もあるようだ。

出されたどんぶりをよく見ると、器の底に少量だが濃いめのたれが入っている。「汁なしなのに」と思ってはいけない。これを麺、具とをからめながらよくかき混ぜ、たれ汁がなくなったところで食べ始めるのが〝通《つう》〟らしい。

カープ応援の原動力は炭水化物だった

こうした炭水化物系の食べ物を補給してスタジアムに出かけると、応援のエネルギーが長続きするのをカープのファンはよく知っている。たしかに、カープの応援は一種独特で、個人的にだれかを、チームをというより、〝団体戦〟的な雰囲気が濃厚である。

基本は、選手の名前をコールしながら立ったり座ったりを繰り返すスクワットなのだが、隣や前後でそれができずにいる人がいると、見ず知らずの相手であっても、「こーするんよ」と熱心に教えてくれる。まわりはワーワーと騒がしいから、その声がどうしても大きくなるのだ。

スクワットを繰り返し、大きな声を出し続けていればエネルギーはどんどん消費される。そのせいか、試合の途中で追加の食べ物を買いにいくファンが多いのも広島の特徴。そうした需要に応えるべく、スタジアムに出店している店はおそらく全国でいちばん多いのではなかろうか。

球場内をひと回りする通路＝コンコースにはびっしりと店が並んでおり、1回や2回行っただけでは、どこで何を買えるのか、とても覚え切れないほどだ。最初何かを食べても、そのあと手洗いにでも行ったついでにちょっと周りに足を延ばすと、「えーーっ、こんな店まであったんだ！」と後悔させられそうである。

市民球場時代からの名物「カープうどん」はいまももちろん健在（天ぷら、肉、油揚げ、ネギなどが入った〝全部乗せ〟が有名）だし、先に触れた「むすびむさし」もある。ほかにも、フレンチトースト、サンドウィッチ、フランクフルト、ホットドッグ、枝豆、串、唐揚げ、カルビ丼、タコ焼き、タコ天、フライドポテト、大学芋、チキンカツ、パンケーキ、コロッケ、豚汁、焼きそば、お好み焼き、カレーライス、各種丼、ピザ、ハンバーガー、ラーメン……ともう多種多彩。しかも、炭水化物系が多い。もちろん、飲み物もソフトドリンクから酒類までなんでもある。

帽子、ユニフォーム、Tシャツからタオル、各種の応援グッズ（バット、風船など）、スマホケース、書籍、お菓子類まで、カープにまつわる品々がほとんどなんでもそろう店もいくつかあり、きっちりお金を使わせるようにできている。へたをすると、入場料をはるかに上回る出費をしてしまいそうだ。それにしても、球場全体がそういうふうに設計されていることには驚きを通り越し、感心させられる。

マツダスタジアムは日本で初めての「ボールパーク」として
選手とファンの距離を縮めた。

マツダスタジアムのモデルは、アメリカのマイナーリーグ３Ａの球場である。アメリカでは「ボールパーク」という呼び名が定着している野球用のスタジアムは、球場それ自体がまさしく「パーク」になっている。単に野球の試合を観るだけでなく、飲んだり食べたりはもちろん、子どもどうし、あるいは親子で一緒に遊ぶ・楽しむための施設なのだ。

ちなみに、英語のスタジアム（ｓｔａｄｉｕｍ）は、中央に競技を見せるフィールド（ピッチ）があってそれを囲むように観客席が作られている競技場をいい、陸上競技場やサッカー場を指すことのほうが多い。マツダスタジアムも「スタジアム」を名乗ってはいるものの、実際には日本で初めてのボールパークと言ったほうが正解だろう。

広島の場合、旧市民球場（１９５７年に完成）があまりに老朽化しすぎ、最後は悲惨な状況だっただけに、その差は歴然。カープファン、野球ファンならずとも、向学のために一度足を運んでみる価値があるほど、よくできている。広々とした設計のコンコースは、歩くだけでも快適だ。

また、スタンドから山陽新幹線がそっくり見えるのも楽しい。その昔、名古屋の中日球場も、スタンドから東海道新幹線が見えたものだが、広島の場合は、それにプラス中国山地の山並みが見えるのが心地いい。

新球場作りの計画が動き始めたのは2001年ごろから。だが、アメリカのデベロッパー（サイモン・プロパティ・グループ）が撤退を表明したため、2年後にあえなく頓挫してしまう。

しかし、それで動き始めたのが、しびれを切らした市民である。2004年11月から「樽募金」が始まったのだ。大人ばかりか子どもたちまでが参加し、集めた金額が1億2600万円ほど。これには、広島市も腰を上げるしかなくなった。翌年、新球場の建設が決まり、ようやく動き出したのである。

2009年に完成した新球場は、観客席の最後部に、グラウンドを観ながら周回できる8〜12メートルのコンコース、ゆったりとした間隔・レイアウトの観客席、ゆるやかな勾配の1階席と高さを抑え観戦しやすくした2階席など、日本のプロ野球史上画期的な設計

2016年11月5日に市内でおこなわれたセ・リーグ優勝パレード。
黒田博樹、新井貴浩で結実した「広島の力」。

だったから、多くのファンが詰めかけた。そして、それがまたカープのパワーアップに大きく貢献したのは言うまでもない。

２０１１年までの３シーズンは連続5位に終わったものの、12年は4位、13・14年はともに3位と順調に順位を上げていく。15年は再びBクラス（4位）に転落したが、16年は1位。CSも制して日本シリーズにも駒を進めるまでになった。

球場が新装されたことがチーム力のアップに貢献したのは間違いないが、それだけではけっしてないだろう。むしろファンの気持ちが一新したというか、声援に張りが出てきたのが大きいように思える。もちろん、それによって選手の意識も変わってくるし、それで順位が上がれば、ファンのテンションはますます高まる。典型的な好循環が生まれたわけだが、これはほかのチームも学ぶ必要があるかもしれない。

そして、野球だけでなく、サッカーやバレーボール、バスケットボール、広島的に言うならさらにハンドボールでも、こうした発想の転換が求められる。アマチュアスポーツなら「選手（アスリート）ファースト」でもいいだろうが、プロスポーツはやはり「観客ファースト」である。

失礼ながら、外からやってくる人たちへのホスピタリティーという点ではいまひとつの感もある広島だが、この球場に関してだけは、それが徹底している。しかも、そこにヒューマンなソフトも加われば、まさしく鬼に金棒と言っていい。

神様をも味方につける力
出雲と近いのはダテじゃない！

日本海のほうが意外と行きやすい広島

広島県民のなかには、「海水浴は（日本海側の）浜田まで行く」と口にする人が多い。

もちろん、広島県自体も瀬戸内海に面しているのだから、海水浴場はそれなりにある。広島市内からもっとも近いのは車で30分ほどの「大串《おおくし》海水浴場」（大崎上島町《かみじま》）だろう。

ほかにも、「ベイサイドビーチ坂」（坂町）、「宮島包《つつみ》ヶ浦《がうら》自然公園」（廿日市《はつかいち》市）、〝日本の渚《なぎさ》・百選〟にも選ばれている「県民の浜蒲刈《かまがり》」（呉市）、「グリーンピアせとうち」（同）、「ロマンチックビーチかるが」（同）、「的場《まとば》海水浴場」（竹原市）、「入鹿《いるか》海岸」（江田島市）、「鞆の浦海水浴場」（福山市）、さらに、風光明媚で夕日も美しいとされる「サンセットビーチ」（尾道市）、「しまなみビーチ」（同）などもある。しかし、多くの人が「汚い」「狭い」「物足りない」と感じているようなのだ。

そこで、とくに県西部の人たちは、島根県浜田市の「石見《いわみ》海浜公園海水浴場（姉ケ浜と波子《はし》の二つがある)」に足を延ばすことが多い。浜田市から東隣の江津《ごうつ》市にかけて広がる全長5・5キロの海浜公園で、「日本の快水浴場百選」(環境省選定)にも選ばれている。車なら、広島市中心部からは広島自動車道、中国自動車道、浜田自動車道を利用すると1時間半ほどで着いてしまう。浜田東ICを降りて6分ほどだから、アクセスもけっして悪くない。

浜辺を目にした瞬間、「海って、こんなにきれいなんだ!」と感動してしまうというから、どうやら瀬戸内海とはケタ違いの美しさのようである。

釣りやキャンプ、またカヌーなども、島根県境に近い三次《みよし》市北部にある「江の川カヌー公園さくぎ」まで足を運ぶ人が多い。

行ってみると、これが同じ広島県なのかと驚くほど、豊かな自然に恵まれている。ここから80キロ南に下ったら瀬戸内海があるとはとても想像できないのではないだろうか。

ウィンタースポーツも、島根県まで足を延ばす人が目立つ。もちろん、総面積の3分の2以上が山に覆われている広島県内にもスキー場は多い。

「芸北国際スキー場」(北広島町、中国自動車道戸河内《とごうち》ICから40分)、100%天然雪が売りの「恐羅漢《おそれらかん》スノーパーク」(安芸太田町、同ICから50分)、温泉も隣接している「女《め》鹿平《がひら》温泉めがひらスキー場」(廿日市市、同吉和《よしわ》ICから3分)スキー場」、初心者から上級者向けまで多彩なコースをそろえた「スノーリゾート猫山」（庄原《しょうばら》市、中国自動車道庄原ＩＣから40分）など。全部で13を数える。四国、九州あたりからも訪れる人が少なくないという。

だが、広島県民の場合、いざとなると島根県瑞穂《みずほ》町の「瑞穂ハイランド」に行く人が多いようだ。積雪量が豊富でしかもパウダースノー、コースもバリエーションに富んでいるため、こちらのほうがウケがいいのである。アクセスも、広島市中心部からは車で70分、浜田自動車道瑞穂ＩＣからも５分だからいかにも近い。

おもしろいのは、広島県民の多くが、「瑞穂ハイランド」を広島県だと思っていることだろう。逆に言うと、広島県と島根県とはそれほど近いのである。

２０１６年のカープが〝神った〟理由

２０１６年のプロ野球ペナントレース、クライマックス・シリーズ、そして日本シリーズと、広島カープの勝ちっぷりは、プロローグでもいくつかご紹介したように、文字どおり神がかり的な面があった。人智を超えた「神様のはからい」が大きく影響したように思えてならないのだ。

セ・リーグのＭＶＰ（最優秀選手）として表彰された新井貴浩のような存在もむろん大

きいのだが、２０１６年の場合は、ある特定の選手が……といった感じでなく、チーム全体に〝つきもの〟でも憑《つ》いたかのような状態だったのが印象的である。

カープにかぎらず、またプロ野球だけでなく、すべてのスポーツにはそうした要素が大なり小なり見受けられるものだが、それでもやはり、尋常ならざるものを感じたのは筆者だけではないはずだ。

「神」の世界のこと故、人智を超えた話ではあるが、あえて理由を見つけるとすれば、カープという一球団ではなく、広島の風土そのものが「神」と浅からぬ縁で結ばれているようにも思える。

先にも触れたように、広島と日本の神々のふるさと＝出雲《いずも》を抱える島根県とは意外なほど近い。広島県庁から出雲大社までは、直線距離にして１１０キロである。瀬戸内海に面した山陽と日本海に接する山陰、その両者をへだてる中国山地の存在を思うと、「えーっ」と驚くかもしれない。

だが、広島県で瀬戸内海との関わりが深いのは、海岸沿いのほんの狭いエリアだけで、県域の５分の４はむしろ中国山地の山間《やまあい》にある。広島県のイメージは「瀬戸内海」と重なり合うが、面積だけを比較すれば、むしろ日本海側のほうに偏っているのだ。

「中国太郎」の異名を持つ江《ごう》の川《かわ》（全長１９４ｋｍ）も、河口部こそ島根県江津市だが、水源は広島県北広島町の阿佐山《あさ》。それが安芸高田市から三次市を経て、そこで馬洗川《ばせん》、西城《さいじょう》川、神野瀬川《かんのせ》と合流、最後は日本海に注いでいる。

「太郎」というくらいだから、もちろんこの地方では最長の川なのだが、島根県側では江川《ごうがわ》とも呼ばれ、広島県域ではもっぱら可愛川《えのかわ》という。広島市の中心部から20キロほど北上しただけで、あたりの川は日本海に向かって流れている。古代はおそらく、出雲を中心とする日本海文化圏の一角を成していたにちがいない。

神楽と古墳の多さが示す、広島と神様の距離

そうしたことを実証する例はいくつもある。たとえば神楽《かぐら》がそうである。

県北部の安芸太田町では、太平洋戦争後まだ間もない１９４７年から「西中国選抜神楽競演大会」という催しがある。例年９月、２日間にわたっておこなわれるのだが、広島県内最古の神楽競演大会で、10を越える団体が出演、多くの見物客で夜遅くまでにぎわう。

実際、広島県は神楽が盛んで、全国有数の神楽どころとして知られており、県内には３００近い神楽団が活動しているという。

「神楽は、娯楽の少なかった時代には、全村あげて楽しむ大きな年中行事の一つで、神社の境内に舞殿をしつらえ、神への祈りと感謝をこめて神楽を奉納していました。舞の合間

には、『吹き火』などの花火のわざを競いながら、燃え上がるかがり火のもと、夜通し舞明かすのが常でした。観覧する人々も、それぞれにごちそうや酒肴《しゅこう》を持ち寄り、夜を徹して楽しんだと言います」（広島観光コンベンションビューロー「ひろしまナビゲーター」より）

ただ、ひと口に「神楽」といっても、その中身はいろいろで、場所によって内容も大きく異なる。

一つは、広島市、廿日市市、大竹市など瀬戸内海沿岸部でおこなわれている「安芸十《じゅう》二神祇《にじんぎ》」。毎年、秋祭りの前夜祭として十二の舞を奉納することからその名がある。もともとは芸北地域に伝えられているもので、江戸時代の終わりごろから明治にかけて上記のエリアで爆発的に広がった。

二つ目が「芸北神楽」。江戸時代の終わりごろ伝えられた島根県石見地方の神楽が、独特のスタイルに変化したもので、広島の神楽が全国に知られるきっかけとなった。それまでは地元の、それも二間四方のスペースで上演されていたのが、1970年の大阪万博の際、大きなステージで上演されたことで、ショー的な要素が多く取り入れられるようになった。

ほかにも、県の無形民俗文化財に指定されている「芸予《げいよ》諸島の神楽」、比婆《ひば》郡とその周辺の一部地域でおこなわれている「比婆荒神《こうじん》神楽」、備後地方と安芸の一部にまたがる広い地域で見られる「備後神楽」がある。

「神楽」はもともと「神楽（かむくら）」から転じたといい、「神遊《かみあそび》」ともいう。農耕民族の日本人が、日の神＝天照大神《あまてらすおおみかみ》に五穀豊穣《ごこくほうじょう》の祈願と感謝のために奉納するためのものだ。明治期に入るまでは神職によって伝承されていた祭祀・神事の色合いが強かったが、それ以降は一般市民によって舞われることになった。結果、娯楽性が重視される時代に入っていったのである。

もちろん、それはそれとして、神楽はいまもなお、秋の稲刈りを終えた時期に、各地の神社境内にある神楽殿で舞われている。

こうして見ると、広島県、とくに面積的にはその8割近くを占める県北部は、島根県（石見地方）とのつながりが非常に深いことがよくわかる。それはやはり神々のふるさとである出雲が控えているからで、文化の面ではそちらのほうが早くから、また強い影響を及ぼしていたのである。

となれば、「神様」のご威光がカープに及んだとしても不思議ではあるまい。ファンとしては毎年そうなることを望みたくなるが、そのあたりはまさに「神のみぞ知る」ところだろう。

それにしても、広島県がかつては日本海文化圏に属していたのは、イメージとして理解しにくいところがある。ただ、ほかにもいくつかそうしたことを示す事実には事欠かない。たとえば古墳もそうだ。

広島県内には、数多くの古墳がある。古墳があること自体、神話の時代とつながっていることを強く示すものだが、その場所がかなり偏っており、これまで発見された古墳のうち、3分の1にあたる3千基余りが三次市周辺に集中している。中国地方でも有数の古墳密集地「みよし風土記の丘」として知られているのも故なきことではないのだ。

古墳というと、私たちは仁徳《にんとく》天皇陵＝大仙陵《だいせんりょう》古墳（堺市）や天武《てんむ》・持統《じとう》天皇陵・高松塚古墳・キトラ古墳（すべて奈良県明日香《あすか》村）といった、大規模でしかも美しい形をしたものを思い浮かべがちだが、そうしたものはどちらかといえば例外的な存在である。大多数は、〝土まんじゅう〟とでも言おうか、その地で高い地位にある人の亡骸《なきがら》を祀《まつ》ったもので、大きさも広さもそれほどではない。

ただ、神様のお近くにということでていねいにそれを作っただけのことである。しかし、それも神様の存在を意識してのことで、そうしたことがなければ、もっといい加減な葬られ方をしていたのではないか。

というわけで、広島県の北部一帯は古くから神様との距離が近かったと考えるのが理にかなっているのである。そうした空気が色濃くあれば、時代が下ってもその影響が周囲に及ぶのは不思議なことではないだろう。

人を愛し、街を愛する力
ガラはよくないけど、心根はやさしい

広島弁とホスピタリティー

「広島弁って、怒っているように聞こえるのですが……」

これは初めて広島弁を耳にした人がよく漏らす感想である。たしかに、使われている言葉も、その語調も、けっして上品な印象は与えない。かといって、ぞんざいな感じがするわけではないのだが、どことなく乱暴に聞こえるのだ。

だが、これはよくよく考えてみると、映画『仁義なき戦い』シリーズの残した〝負の遺産〟かもしれない。1973年のお正月映画として公開された第1作が大ヒットし、わずか1年半のうちに第5部（完結編）まで作られたのである。

作品自体はもちろんフィクションなのだが、「実録」を謳《うた》うドキュメンタリータッチの作品だけあって、観終わったあと、多くの人が「広島って、怖いところなんだ」という印象を抱いたにちがいない。ただ、それが100%正しいわけではないことについては拙著

『広島学』でも述べたとおりである。

もちろん、広島にかぎらず、太平洋戦争後2、3年の間は、全国のほとんどの都市で『仁義なき戦い』で描かれたような混乱、ときには凄惨な暴力のからんだ争闘がさまざま繰り広げられていた。早めに収まったところもあれば、広島のように長く尾を引いたところもある。

そこには当然、広島という街の風土が反映されていたはずで、それがまた広島市や広島県のイメージ形成にも深く関わっている。ただ、この作品によって作り上げられ、全国津々浦々に浸透した「広島」のイメージが「広島の力」につながっているとはやはり思えない。むしろ、マイナスの働きをしているのではないだろうか。

インターネットに「広島の街は怖いのでしょうか」「ヤクザが町のあちこちを歩いていると聞きましたが本当ですか」といった、素朴ではあるが辛辣な質問が寄せられているのを見ても、それは間違いなさそうだ。

実際、タクシーに乗ったりすると、運転手の多くが、それこそ『仁義なき戦い』で耳にしたのと同じような言葉で話す。いわゆるホスピタリティーとはかなり距離のある話し方である。

もちろん、バカ丁寧な受け答えがいいとは思わない。東京の銀座から乗っても、慇懃無《いんぎんぶ》礼《れい》な話しっぷりの運転手もいる。広島でも、きちんとした共通語で話す運転手も少なくない。

だが、運転している途中で、そうした〝仮面〟がはがれてしまう人もいるし、ハナから広島弁丸出しという人もいる。だが、そういう言葉遣いをされると、県外からやってきた人は（もちろん、すべてではないが）、すぐさま『仁義なき戦い』の映像・音声が頭をよぎるのだろう。

西日本の、全体としてゆるい規律の中で仕事をしているわけだから、そうそう簡単に丁寧な言葉遣いを身に着けることはできまい。会社から言われたから、お上の指導があったからといって、一日二日であっさり改まるものでもないだろう。

ただ、ホスピタリティーといっても、言葉がすべてではない。そこでこの項では、広島でここ数年話題になっている映画館を通じて、ホスピタリティーの何たるかについて考えてみたい。そこに、「広島の力」を探るヒントが見つかりそうな気がするからだ。

広島流映画館の復活

広島市随一の繁華街である紙屋町《かみやちょう》・八丁堀交差点の角に建つ福屋デパートの8階に、「八丁座」という名の映画館がある。かつて松竹系の映画館があったが、2008年4月末に閉館となり、それからしばらく間を置いた10年8月に入ってきた。それまで広島市内で「サロンシネマ」や「シネツイン」などを運営してきた「序破急《じょはきゅう》」という会社が経営母体で、館名の「八丁座」は公募で決めたという。

同社社長の蔵本順子が「八丁座」のオープンを決めたのは、自分が生まれ育った広島の「街中に映画館の火をともしたい。それには、そこに住んでいる人が本気を出さなければ」という思いからだ。映画（館）はその火付け役であって、最終目標は広島の活性化にある。きょう日の映画館はほとんどがビルの中にあるから、往年の映画館のイメージはまったくない。入場券の買い方もまるっきり違っている。

しかし、そうした前提をすべて受け入れたとしてもなお、この「八丁座」にはだれもが驚くことだろう。その驚きはエレベーターを降りた瞬間から始まる。私たちが慣れ親しんでいる「シネコン（シネマコンプレックス）」とはまるで違うからだ。といって、いわゆるミニシアターのような印象を与えるわけではない。

ロビーには、京都東映撮影所大道具製作の松を描いた襖《ふすま》絵（２０１０年公開の『十三人の刺客』で使われたもの）が飾られている。東映から譲ってもらったのだという。また、入口にも同撮影所に特注して製作を依頼した53張の提灯が並ぶ。カフェもあり、コーヒー・ジュースなどのソフトドリンク、ワインなどアルコール類、アイスクリームやサンドイッチなどを提供している。

入場扉がまた素晴らしい。こちらも同撮影所大道具の美術作品「もみじの四季」で、12枚が連なるもの。中に入ると、そこにはなんとも独特の、それでいて未来を予見させるような斬新な雰囲気の空間が広がっている。

スクリーンは「壱《いち》」と「弐《に》」の二つ。館内は、東京・両国《りょうごく》にある国技館のマス席、秋田県小坂《こさか》町に残されている芝居小屋・康楽館《こうらくかん》（国の重要文化財）、あるいは愛知県の明治村に保存されている呉服座（大阪・池田市に1868年に建てられた芝居小屋を移築したもの）、兵庫県豊岡市出石《いずし》の永楽館《えいらくかん》（1901年に作られた劇場）を思わせるような、昔風の芝居小屋といった雰囲気である。当然、内装もことごとく和風で統一されている。

いま風のシネコンとは真逆なのだが、といって、古めかしい感じはまったくない。「和モダン」とでもいうのだろうか、とてもおしゃれなのだ。地元のマルニ木工に特注したシートは幅80センチ・奥行85センチと、ゆったりしたサイズで、座席数は「壱」が170席、「弐」が70席。

実は、このシートこそが八丁座の売りで、蔵本も、「お客様がいちばん体感するのがシートなので、長時間座ってても痛くないシートをめざした」と語っている。通常のシートのほか、ハイカウンター席（「壱」は9席、「弐」は6席）や畳席（「壱」に7席）も備え

「八丁座」によって試される広島流映画館の新しい波。

ている。

ゆったりした設計になっているため、隣の席に座る人のことがまったく気にかからない。前後の間隔は、足を完全に伸ばしても届かないほど。飛行機でいうなら、ビジネスクラスの感じだろうか。各席に小さなテーブルが備えつけられており、飲み物や荷物が置けるようになっている。当然のことだが、座席の数はそれ以前の劇場に比べ半減したという。

内装を担当したのは広島市出身の映画美術監督・部谷《へや》京子。部谷は１９９２年、周防《すおう》正行監督の『シコふんじゃった。』で美術監督としてデビュー、その後も同監督の『Ｓｈａｌｌ　ｗｅ　ダンス？』や『それでもボクはやってない』の美術を担当したベテランである。『それでも〜』では日本アカデミー賞最優秀美術賞を受賞している。

いい時代のことを忘れない力

先にも触れたように、蔵本がめざす映画館のコンセプトは、江戸時代の芝居小屋にあるらしい。当時の人々は、不景気なときでも芝居小屋に行ってストレスを解消していた。それで元気になって、翌日はまた仕事や家事に励む。

現代人も、ストレスにさいなまれているのは昔と同じ。いや、それ以上かもしれない。ならば、映画でも観てそれを晴らし、元気になってほしいということだろう。それには、心の底からくつろいでもらうのが一番だ。

「序破急」は現在、「八丁座」と「サロンシネマ」（スクリーン数は2）を経営しているが、どちらにも共通しているのがぜいたくなシートである。ただこの考えは、それ以前に経営していた映画館でも同じだった。「八丁座」「サロンシネマ」をオープンする前に、そのプロトタイプがあったのだ。

順子の父・登はもともと広島市内の鷹野橋《たかのばし》で二つの映画館を経営していた。一つは「タカノ橋大映」、もう一つが「タカノ橋ＯＳ」である。「ＯＳ」は１９６０年代に「タカノ橋日劇」に名前を変える。だが、映画ファンが減っていくにつれ、どちらも経営が厳しくなっていった。

登は１９７２年３月から「大映」を「サロンシネマ」に改称し、なんとかしのいでいこうとする。だが、それも焼け石に水で、1980年、とうとう閉館かポルノ映画館への転換かという瀬戸際に立たされた。そのウワサを聞きつけ、いてもたってもいられなくなったのが、広島県出身で、当時東京の出版社に勤めていた住岡正明（現在は「序破急」が経営する二つの映画館の総支配人）だ。

さっそく登のところに出向き、なんとか存続をと掛け合う。一度は断られたが、東京の映画館事情を徹底的にリサーチし、詳細なレポートをたずさえて再び登のもとを訪れた。この時点で住岡の頭には、うっすらとではあるが、「サロンシネマ」再生のシナリオができ上がっていたのかもしれない。

住岡は、東京で当時おこなわれていた〝フィルムマラソン〟の開催を提案したという。だが、予算がかかりすぎるとの理由で登の同意を得られなかった。そこで住岡は、自腹でフイルム代を出すからと提案、それでようやく開催に踏み切ることができたという。

このとき住岡が提案したフィルムマラソンは、夜9時半から4～5本の作品を9時間余りかけて上映するという企画だった。映画好きにとってはたまらないイベントである。1981年3月からスタートしたのだが、予想以上に多くの客が詰めかけ、いまに至るまで続けている。上映回数は16年8月末で584回を数えた。

住岡は、地方でこうしたスタイルの映画館を営んでいくのに大切なのは「愛と狂気と自己犠牲」だと語っている。ただ、よく考えると、この三つはいずれも、広島県人に備わっている遺伝子と言っても過言ではなかろう。

広島女の底力

さて、住岡が飛び込んでいったこの時期、登自身は経営をだれかに譲ろうという思いもあったようだ。当時東京に嫁いでいた娘・順子にそれを打診すると、順子は、「ポルノに転換したら名画座に戻れなくなる」と強硬に反対。登が住岡の説得を受け入れたのはそうしたこともあってだろう。

順子は広島に帰り、1981年、登から「サロンシネマ」を運営する会社の社長を引き継ぐ。また、みずからも映写技師の資格を取得、その一方で受付からトイレ掃除までみずからおこなったという。

この間、順子はもう一つ、映画館事業にかかわっている。それは「シネツイン」の経営である。

広島のメインストリート・中央通りをはさんだ両サイドに1989年オープンの「シネツイン1（本通りとも）」と2005年にオープンした「シネツイン2（新天地とも）」という二つの映画館があった。

どちらも、映画館自体としては古く、「1」は1959年開業の「中央名画劇場」、「2」はそれよりさらに前、52年開業の「新天地劇場（その後「広島宝塚劇場」、「宝塚4」と改称）が前身。ちなみに、広島市民にとって「宝塚」は、待ち合わせの名所としてなじみ深い場所だった。

「1」と「2」のオープンには16年という長い時差があるが、どちらも、そのコンセプトは変わらない。

「1」はビルの地下にあり、さほど広くないロビーから場内に入ると、地下とは思えないほど天井が高い空間がある。館内の天井には、満天の星を思わせるような照明が備わっていた。

座席は日本で初めてという両肘掛けで、幅64センチのゆったりしたシートの前には小さなテーブルが。しかも、驚くなかれ床暖房まで完備していたそうである。もちろん、日本初の試みだ。ただ、建物の老朽化により、2016年10月31日で幕を閉じている。

「2」のほうは、「宝塚4」がクローズしたあと、ビルのオーナーから「なんとか引き続き……」と頼まれたものの、最初は断わるつもりだったという。社内でもそうした考えが強かったのだが、順子の「あの小屋はボクを残してくれと言っているように聞こえる。一か八かやってみましょう」というひと言で、引き継ぐことになったそうだ。

こちらはビルの5階にあり、いまどきの映画館にしては珍しい2階席があった（かつて映画館の2階席はさほど珍しくなかった）。もともとそうした構造だったらしく、リニューアル後もそれを継承したのである。

ただ、こちらも建物の老朽化にともない、「1」よりひと足早い2013年末に閉館となる。

「2」も、座席は一つひとつが独立した構造になっており、館内のいちばん後ろに掘りごたつスタイルの席を備えていた。「1」の座席の一部は、先に営業を停止した「2」で使われていたものを再利用した。

さて、鷹野橋の「サロンシネマ」のほうはその後どうなったのか。1994年、順子は旧「タカノ橋日劇」（開業は1957年）を引き取り、「サロンシネマ2」としてリニューアルオープンした。それと同時に旧「サロンシネマ」は「サロンシネマ1」となる。

「1」は日本一広い革張りシートが特徴で、シート前部にはカウンターテーブルが設置されていた（最初のころは、テーブル上のボタンを押すと飲み物が注文できたという）。

一方、「2」の館内には、住岡がマツダと交渉して作ってもらった自動車（ユーノス800）タイプのシートが備えられていた。リクライニング機能付きで、センターアームレスト（スライドさせるとカップホルダーが）を肘掛けに改造したものだ。天井にはフレスコ画が描かれていたという。

ただ、どちらも建物自体が老朽化したため、2014年8月、2館同時に閉館することに。しかし、その翌月、「八丁座」の向かい側に新しい映画館を新たにオープンする。名称も、「サロンシネマ」とした。

座席のよさだけがホスピタリティーに通じるなどとは毛頭思わない。だが、それも含めて、客に心地よい思いを味わってほしいとの願いが、二つの映画館からは強烈に感じられる。

広島というところはもともとが城下町だから、ホスピタリティーといっても、宿場町で見られるそれとは質が異なる。だが、映画館経営という、一時期ひどく斜陽化した分野で復活を果たした蔵本順子だけに、そこには、この先けっして客を離すまいという気持ちがはっきり見て取れる。それどころか、映画館という空間でどれだけ心地よさを感じさせることができるかが、広島という街への愛につながるとまで考えているのではないか。

自分たちが暮らす街への愛は、その街を盛り上げる最大・最強の「力」になるはずだ。

ものづくりの力
職人と商人が培った街づくり

ウイークエンドのためにウイークデーがある

広島市内の高校の校歌の歌詞を見ると、たいてい「太田川」が登場する。それとともに目につくのが「七つ」という言葉だ。

「ここぞふるさと七つの川は」（広島皆実《みなみ》高校）
「七つの流れまっしぐら」（広陵高校）
「七つの川を望みてそだつ」（広島学院）
「七つの川の水は澄み」（広島観音《かんおん》高校）

といった具合である。狭いエリアに7本もの川となると、さすが「水の都」とも言いたくなる。実際、昭和初期の広島市には7本の川が流れていた。

しかし、現在は太田川放水路、天満《てんま》川、本川《ほんかわ》（旧太田川）、元安《もとやす》川、京橋川、猿猴《えんこう》川の6本までしか数えることができない。実は、「太田川放水路」というのは昭和初期から太平洋戦争後にかけて、山手川（旧太田川の支流、己斐《こい》川とも）を拡張して作った人工的な川で、その造成工事の際、近くを流れていた福島川（川添川《かわぞえがわ》とも）も埋め立てたため、見かけ上は6本になってしまったのだ。

現在の広島市の市域は、江戸時代から大正時代にかけてたゆむことなく続けられ埋め立て工事で広がったことはすでに述べた。ただ、その過程でいくつもの川が埋め立てられている。

1710年当時は、太田川、元安川、己斐川（山手川）、川添川（福島川）、小屋川（天満川）、猫屋川、平田屋川、流川、神田川（京橋川）、猿猴川などが街の中を流れていたのだ。広島を代表する盛り場として知られる流川という地名も、江戸時代、藩主の別邸「縮景園《しゅっけいえん》」から流れていた小川があったからである。だが1913年に埋め立てられてしまったため、いまでは影も形もない。どの川も、当時はさぞかし美しかったことだろう。

福山市と府中市を流れる芦田《あしだ》川は、中国地方では水質汚染度が1972年度から2015年度（12年度を除く）までナンバーワンという不名誉な記録を持っているが、それでも8月の旧盆時期におこなわれる大花火大会には30万以上の人が詰めかける。宮島水中花火大会とはいい勝負で、このときばかりは芦田川も花火の光に美しく映えるにちがいない。

川というのはある意味不思議な存在で、川幅や流れ具合、また時間帯にもよるが、ロマンチシズムを感じさせる。日が沈みかけた川べりをそぞろ歩いたり、あるいは朝日を浴びながら少し走ってみたりなど、そのシチュエーションにもよるが、基本的には人々の気持ちをなごませてくれるものなのだ。

ただ、広島市の場合は、原爆で街そのものが一度完全に破壊されてしまっているから、いま現在の街のたたずまいも、人工の匂いがかなり強い。そのため、川はいくつかあるものの〝水の都〟と呼ぶにはいささか気がひける部分もある。

それでもやはり、市内を流れる川に架かる橋を渡るときなど、だれもがほっとひと息つけるだろうし、水面にネオンサインや美しいイルミネーションがぼんやり輝いているのを見れば、1日の疲れも癒されるというものだ。

だが、現実には、とくにビジネスの現場で仕事をしている人の多くは、そんなことにかかずらわっている余裕などないというのがホンネだろう。それが売りになるはずのホテルや旅館、あるいは飲食店なども、そうそう悠長なことは言っていられない。

広島の場合、県の経済の大きな担い手が重厚長大産業だから、そうそう小回りが利くわけでもない。世界経済の動向がもろに影響してくる分野となれば、長い間業績が低迷したり不振におちいったりすることもあろう。短期間で大きく伸びるなどというのは、戦争による特需でもないかぎり、そうそうある話ではない。

そうした中、広島県の輸送用機械（自動車・船舶）、電気・機械、鉄鋼などものづくりの現場では、どの企業も辛酸をなめてきた。それでもなんとか生き延びてきているのは、言葉に尽くしがたい経営努力の積み重ねがあったからだ。おそらく、こうした分野の企業は、業績のいいときではなく、悪いときを基準に考える習性が身についていることだろう。結果、浮かれたり有頂天になったりということもない。

だが、この地の人々の気質は、それとは逆の生き方・発想＝「ウイークエンドのためにウイークデーがある」という土台の上にある。

広島県人にとっての「ウイークエンド」、その大きな柱がカープの試合である。もちろん、それだけではない。広島県はプレジャーボート（ヨット、モーターボート、水上オートバイなど、海洋レジャーに使われる船艇の総称）の数が47都道府県のなかでもダントツの1位で、全国に19万7千余隻あるうちの1万6441隻（8・3％）を占めているのだ。瀬戸内海で、スポーツフィッシング、クルージング、マリンスポーツなどを楽しむのだろう。

ただし、そのうち1万2千隻（72・4％）は放置艇（2010年度プレジャーボート全国実態調査結果による）だから、モラル的には問題があるが、それでも海で遊ぶ人の数が多いことは十分想像がつく。

ハイキングも盛んである。中国山地のほぼ真ん中にある国定公園・帝釈峡《たいしゃくきょう》をはじめ、太田川の上流に位置する三段峡、県北東部に位置する比婆山《ひばやま》連峰、また西中国山地国定公園の雲月山《うんげつやま》、深入山《しんにゅうざん》など、年齢・性別を問わず楽しめるコースがいくつもある。山や丘陵が街のすぐ近くにあるだけに、そうした場所にも気軽に足を延ばすことができるのだ。

マツダがくしゃみをしたらカープも風邪をひく!?

そうしたウイークエンドを楽しむべくウイークデーは仕事にいそしむ広島県民による県内総生産は10兆8429億円。これは全国の2・2%、中国地方全体の39・4%を占める。また製造品出荷額の業種別特化係数を見ると、鉄鋼（2・7）、輸送用機械（1・6）、木材（1・6）が高いことから、重厚長大といっても、こうした業種に大きなウェイトがかかっていることがわかる。

なかでも、自動車・同付属品は出荷額全体の21・7%を占め、マツダ系列のウェイトが高いのは一目瞭然。鉄鋼（16・9%）も加えると、その比率の高さ＝県経済への影響力の大きさが見て取れるだろう。

そして、そのマツダが広島カープを支える大きなスポンサーなのである。といっても、マツダが直接、経営を担っているわけではない。たしかに、球団の株主構成を見ると、マツダの創業者・松田家（松田元＝20・4％、松田弘＝12・2％、松田勢津子＝10・1％）が42・7％、マツダが32・7％、カープのグッズ販売などを手がけるカルピオが18・5％などとなっている。

筆頭株主はマツダなのだが、かといって経営にはタッチしていない。あくまで関連会社なのである。いわゆる「市民球団」のイメージからするとやや偏りを感じるが、マツダ一族も、法人としてのマツダも広島市・広島県の〝住民〟には間違いないから、それについてはここでは触れない。

幸い、新しいスタジアムができてからの球団経営は予想以上に順調である。旧広島市民球場でもっともひどく落ち込んだ年（２００６年）に比べると、黒田博樹がメジャーから復帰してきた15年の入場料収入はその２・８倍＝約54億円。入場者数も２００万人を初めて突破した。グッズの開発や販売も好調で、この年の売上高は球団史上最高の約１４８億円に達した。

もともとが「関連会社」だから、たとえ球団の経営事情がどれほど苦しくても赤字を補填することはない。ただ、そうであったとしても、松田家が球団のオーナーとして、財務や営業、事業に深く関わっているのは当然である。もちろん、そうした判断を下す際、本体＝マツダのふところ事情も影響する。

だが、ここで忘れてならないのは、マツダと深く関わっている大小の企業である。マツダがくしゃみをしたらほかが風邪をひくとまではいかないにしても、やはりマツダ本体を盛り上げるためにエネルギーを使うだろうし、それによって自分たちも恩恵をこうむることができるとなれば、どこも必死になる。会社だけでなく、そこで働く社員やその家族、さらには下請けや孫請けの事業者もそれは同じだ。

ニワトリと卵をもう少し複雑にしたような関係だが、カープが勝つ↓人々の気持ちが盛り上がる↓仕事に精が出る↓マツダ関連会社の生産性が上がる↓マツダ本体の業績も伸びる↓カープの「財務や営業、事業」にも好影響を与える↓カープが強くなる……といった図式だろうか。カープが強ければ、子どもたちも勉強が楽しくなるし、母親もそれでご機嫌になれる。夫婦は円満、家族も和気あいあい。ショッピングやエンタテインメント施設、飲食店にお客が入る。市や県の税収も増える。

もちろん、実際はこれほど単純なものではないだろうが、広島がさらに活性化し、成熟していくための重要なキーをカープは握っているのだ。その意味で広島は、県全体がカープを軸にした大きな運命共同体なのである。見かけは一球団かもしれないが、その責任はとてつもなく大きく、また重いのだ。

きょう日は全国どこの都道府県にもあるが、広島県にも「県民栄誉賞」というのがある。「輝かしい業績をあげ、広く県民に夢と希望を与えられた方々をたたえるもの」なのだが、これまで同賞を受賞した8人のうち、なんと6人が広島カープの選手だった。山本浩二、衣笠祥雄、北別府《きたべっぷ》学、野村謙二郎、前田智徳《とものり》、そして黒田博樹である（残り2人は岡本綾子、森下洋子）。

こうしたことも、広島県では、受賞した本人だけでなく、県全体にインパクトを与えるはずである。それからすると、広島県・広島市とカープのかかわりの深さは、一球団とフランチャイズといったレベルをはるかに超えているのだ。

初めての外国人監督ルーツが選手たちに向かって言った「君たち一人ひとりには、勝つことによって広島という地域社会を活性化させる使命がある」という言葉の意味がいまさらながらよく理解できるのではなかろうか。

おわりに

２０１６年の広島は、久しぶりに大きなスポットが当たりました。多くの市民・県民が長らく願っていたアメリカ大統領（バラク・オバマ）の訪問、G７外相会議の開催、そして極めつけは、カープのセ・リーグ優勝です。

こうしたことを実現させたのは「広島の力」です。その土台には、土地の力、気候の力、食べ物の力など、さまざまな要素が入り混じっています。しかし、いちばん大きいのは「人の力」でしょう。なかでも、広島県人の気質がものを言っているような気がするのです。

『人国記』を見ると、西部の安芸については、「人の気質実《じつ》多き国風なれども、気自然と狭《せば》くして、我は人の言葉を待ち、人は我を先にせんことを常に風儀として、人の善を見てもさして褒美《ほうび》せず、悪を見ても誹《そし》る儀もなく、唯己《おのれ》々が一分を振舞ふ意地にして抜きんでたる人、千人に十人とこれ無くして、世間の嘲哢《ちょうろう》をも厭《いと》はざる風儀なり。〈略〉

これによって頼みなき様《よう》なれども、底意《そこい》は実儀より起りたる事なれば、善き所多し」と書かれています。

また、東部の備後は「人の気実儀《じつぎ》にして、一度約をしたる事は変改をすること鮮《すくな》し。然《しか》れども愚癡《ぐち》なること多き故、不実なる事も弁《わきま》へずして請け合ひ、終《つい》に悪名《あくみょう》を取ること多かるべきなり」と。

辛口の言葉が連ねられていることが多い『人国記』ですが、広島県については総じて好意的に書かれています。要は、律儀《りちぎ》で実直、あまり他人に構うことはないが、かといって何かを頼まれれば快く引き受ける。でも、結果はあまり気にしない。また、大きなことをやってのける人は少ない——といった見方をしているようです。

ここに書かれているとおりの広島県人もいるでしょうし、真逆の人もいるかもしれません。しかし、『人国記』にどう書かれていようが、そんなことは気にしないのが広島県人です。でも筆者個人としては、ここには記されていませんが、前を見すぎ、突っ走りすぎ、何ごとにもイレ込みすぎ・徹しすぎのきらいがある広島県人が好みに合っています。

東西と北は山々に、南は海に迫られた狭い地勢のなせる業《わざ》でしょうが、エネルギッシュですし、ひとたび勢いづけば走りに走る。働くときも遊ぶときも脇目を振らず集中する。ほかの県にはなかなか見られないタイプの人たちが広島には多いように思えてなりません。

地方の活性化についてはさまざまな条件が必要ですが、その第一は、自分たちが毎日暮らす地に、どれだけ愛着を持っているかによります。その点、広島の人たちはハッピーです。どこに行っても、また24時間いつでもカープがすぐそばにいるからです。他の人の思惑を気にせず、ともすると我が道を突っ走りがちの広島人にとって、カープは我に返るきっかけ、そして「広島」としてまとまる、団結の軸になっているからです。

大阪で虎に、名古屋で竜に、福岡で鷹に恋する人の割合もけっして低くはないでしょうが、広島の、「鯉」に「恋」する人の多さにはかないません。この街、この県には、鯉の形をしたベビーベッドから棺桶や墓石までも売られているのではないかと思わせるほどのカープ愛が渦巻いています。それを家庭、学校、企業、地域がこぞってはぐくんでいこうとする広島。他県の人も1泊2日の観光パック旅行でなく、2、3泊してゆっくりじっくり、県内各地を訪れてみてはどうでしょう。

おいしい食べ物や酒を口にし、人々と接してみると、本当の意味での「光」が「観」られるはずです。そして、「広島の力」の一分でもわが身に取り込むことができれば、怖いものなど、何もなくなるかもしれません。

2016年12月

岩中祥史《いわなかよしふみ》

●参考文献およびウェブサイト（順不同）

『広島県大百科事典　上下』（中国新聞社）／『広島県史』全巻（広島県）／岸田裕之編『広島県の歴史』（山川出版社）／広島市教育委員会編『広島市の文化財』／牧口常三郎『牧口常三郎全集第1巻／人生地理学（上）』（第三文明社）／綱島理友『プロ野球ユニフォーム物語』（ベースボール・マガジン社）／朝日新聞社『新・人国記①』（朝日新聞社）／北側健次・関太郎・高橋衛・印南敏秀・佐竹昭・町博光・三浦正幸編集『瀬戸内海事典』（南々社）／鈴木隆祐『全国創業者列伝』（双葉社）／飯干晃一『仁義なき戦い─美能幸三の手記より（死闘篇）』（角川書店）／大下英治『実録・広島やくざ戦争〈上〉〈下〉』（幻冬舎）／本堂淳一郎『広島ヤクザ抗争全史（幻冬舎）　山平重樹『心を奮い立たせる『仁義なき戦い』の名セリフ』（双葉社）／鴨下信一『会話の日本語読本』（文藝春秋社）／三村泰臣『広島の神楽探訪』（南々社）／農文協編・解説奥村彪生『聞き書　ふるさとの家庭料理』（農山漁村文化協会）／千葉潤之介編『新編 春の海 宮城道雄随筆集』（岩波書店）

日刊スポーツ／週刊朝日／中国新聞／日本経済新聞／朝日新聞

「ひろしまナビゲーター」（広島市・広島観光コンベンションビューロー）／「ひろしま観光ナビ」（広島県・広島県観光連盟）／「ひろしま文化大百科」（広島県）／ふくやま観光・魅力サイト（福山市・福山市観光協会）／廿日市市／三次市／三次市観光協会／高津堂／にしき堂／厳島神社／広島東洋カープ／青山商事／広島県漁業協同組合連合会／三原観光ナビ（三原市・三原観光協会）／福砂屋／Ｍａｚｄａ Ｚｏｏｍ-Ｚｏｏｍ スタジアム広島（マツダスタジアム）／日本野球機構（ＮＰＢ）／東広島市観光協会／広島酒造組合／二宮清純「衣笠祥雄が語る〝赤ヘル〟誕生秘話」（現代ビジネス　講談社）／『ＴＡＢＩＺＩＮＥ』2016年8月6日（ＤｅＮＡトラベル）／『トリップアドバイザー』／「観光情報くれナビ」（呉市）／呉市海事歴史科学館／湧永製薬／ワクナガハンドボールクラブ「ＬＥＯＬＩＣ（レオリック）」／広島メイプルレッズ／イズミ／星野哲郎公式ウェブサイト「いろはにそらしど」／「森下仁丹歴史博物館」（森下仁丹）／広島地場劇場運営会社／序破急／「港町キネマ通り」／「お好み焼ネット」（にっぽんお好み焼き協会）

その他、ｗｉｋｉｐｅｄｉａ／コトバンク／ｗｅｂｌｉｏ辞書など

岩中祥史 いわなか よしふみ

1950年11月26日生まれ。愛知県立明和高校から東京大学文学部に進み、卒業後は出版社に勤務。1984年より出版プロデューサーとして活動するとともに執筆活動も。地域の風土と人々の気質との関係をテーマに、『名古屋学』『博多学』『札幌学』『鹿児島学』『新 不思議の国の信州人』『新 出身県でわかる人の性格』『名古屋の品格』『城下町の人間学』など著書多数。2011年に上梓した『広島学』はご当地広島の人たちをも驚かせる内容で、ベストセラーになった。

装丁：塚田男女雄（ツカダデザイン）
カバーイラスト：高畠ミナコ

広島の力

二〇一七年一月一日　第一刷発行
二〇一七年一月三日　第二刷発行

著者　岩中祥史
編集人
発行人　阿蘇品蔵
発行所　株式会社青志社
〒一〇七-〇〇五二　東京都港区赤坂六-二-十四　レオ赤坂ビル四階
（編集・営業）
TEL：〇三-五五七四-八五一一　FAX：〇三-五五七四-八五一二
http://www.seishisha.co.jp/

印刷　株式会社ダイトー
製本　東京美術紙工協業組合

ISBN 978-4-86590-037-8 C0095